图书在版编目（CIP）数据

北京珍藏察合台文古籍辑要 / 高彩云著 . —北京：中央民族大学出版社，2021.1

ISBN 978-7-5660-1921-9

Ⅰ. ①北… Ⅱ. ①高… Ⅲ. ①突厥语—古籍—图书目录 Ⅳ. ①Z838

中国版本图书馆 CIP 数据核字（2021）第 021305 号

北京珍藏察合台文古籍辑要

著　　者　高彩云
责任编辑　黄修义
封面设计　舒刚卫
出版发行　中央民族大学出版社
　　　　　北京市海淀区中关村南大街 27 号　　邮编：100081
　　　　　电话：（010）68472815（发行部）　传真：（010）68933757（发行部）
　　　　　　　（010）68932218（总编室）　　　　（010）68932447（办公室）
经 销 者　全国各地新华书店
印 刷 厂　北京鑫宇图源印刷科技有限公司
开　　本　787×1092　1/16　　印张：12.75
字　　数　218 千字
版　　次　2021 年 1 月第 1 版　2021 年 1 月第 1 次印刷
书　　号　ISBN 978-7-5660-1921-9
定　　价　60.00 元

前 言

中华文化博大精深，源远流长。察合台文古籍是中华文化的有机组成部分，是我国文化遗产的重要组成部分。察合台文曾在我国新疆地区使用，新疆地区各民族文化长期交往交流交融，为祖国文化繁荣起到了重要作用，发掘和整理中华古籍对传承中华优秀传统文化，助力铸牢中华民族共同体意识有重要的价值。新疆维吾尔自治区地处祖国西北边陲，位于亚欧大陆腹地，与蒙古国、俄罗斯、哈萨克斯坦、吉尔吉斯斯坦、塔吉克斯坦、阿富汗、巴基斯坦、印度8个国家接壤，著名的“丝绸之路”在此将古代中国与世界联系起来，使其成为多种文明的荟萃之地。这里是各民族迁徙融合的走廊，自古以来就是祖国不可分割的一部分。新疆维吾尔自治区自古以来就是一个多民族聚居的地区，自治区有56个民族，新疆各民族在长期的发展过程中和睦相处、休戚与共，共同开发、建设、保卫祖国的疆土，创造了灿烂的文化，推动着历史的文明进步。

察合台文古籍承载着我国新疆地区13世纪末至20世纪初近700年的历史文化，为后人研究提供了极其珍贵的文献资料。察合台文古籍多为手稿或传抄本，内容涉及文学、医学、宗教、社会、历史等诸多方面具有极高的版本价值、学术研究价值和社会历史价值。同时，察合台文使用地区是“绿洲丝绸之路”主要途经地，察合台文古籍更是研究“丝绸之路”的重要史料，对于弘扬各民族优秀传统文化，促进各民族思想创新交融，加强民族团结，维护祖国统一，促进“一带一路”建设具有重要意义。

中华人民共和国成立以前，少数民族古籍文献的搜集和整理从来没有成为国家有计划地开展的一项事业[①]。中华人民共和国成立以后，我国十分重视古籍的保护和整理，特别是20世纪50年代我国的古籍保护和整理有了新的发展，1956年制定发展少数民族语言文字的十二年远景规划和五年计划后，即由国家民委和中国社会科学院组织了全国少数民族语言调查，1958年古籍整理出版规划小组成立以后，工作进展很快。同期（1956—1964年），中国历史上第一次有组织有计划进行全国少数民族社会历史状况科学调查，费孝通、刘冠英、吴泽霖等许多老专家都参与调查，不管从调查队伍，还是调查规模都是1949年以来最大的一次。进入20世纪80年代，可以说少数民族古籍整理有了大的飞跃，1984国务院办公厅转发国家民委关于抢救、整理少数民族古籍的请示的通知（国办发〔1984〕30号）；1984年10月，新疆召开首届少数民族古籍工作会议，明确提出了要摸清新疆地区民族古籍的基本情况，加强对现存民族古籍的保护和管理，当然也包括察合台文古籍；1996年5月，国家民委组织召开了第二次全国少数民族古籍工作会议，再次强调了少数民族古籍工作的重要性；1997年，为了认真贯彻落实《中共中央关于加强社会主义精神文明建设若干重要问题的决议》和第二次全国少数民族古籍工作会议精神，国家民委印发了《关于印发〈中国少数民族古籍总目提要〉编写纲要的通知》（民办〔文宣〕字〔1997〕114号），标志着正式启动实施《中国少数民族古籍总目提要》项目。如果说20世纪80、90年代掀开了少数民族古籍工作的新篇章，2000年以后，尤其是近几年我国少数民族古籍保护整理工作进入了高潮，国家先后出台了多个极具分量的文件实施，2007年1月，国务院办公厅《关于进一步加强古籍保护工作的意见》（国办发〔2007〕6号）；2008年1月，国家民委、文化部《关于进一步加强少数民族古籍保护工作的实施意见》（民委发〔2008〕33号）；2014年9月，我国召开了中央民族工作会议暨国务院第六次全国民族团结进步表彰大会，总书记在讲话中强调要加强少数民族优秀文化遗产保护力度，做好包括珍善本在内的少数民族古籍的保护、抢救、整理、出版和研究工作；2017年12月，国家民委编制印发《全国少数民族古籍保护工作“十三五”规划》，国家一系列举措和文件的出台，进一步加强了少数民族优秀文化遗

① 《当代中国》丛书编辑部.当代中国的民族工作（下）[M].北京：当代中国出版社，1993：417.

产保护力度，我国少数民族古籍的保护、抢救、整理、出版和研究工作也取得了丰硕的成果。

目前少数民族古籍保护工作得到高度重视，但随着时间的推移，古籍老化，保护不当等问题日益突出，将会有越来越多的察合台文古籍自然磨损或损坏，数量逐渐减少，因此对古籍的编目工作刻不容缓，这既是对古籍的保护，也是摸清家底，为研究者提供翔实的资料，为相关部门制定政策提供依据。充分发挥民族文字古籍资源在社会进步、民族团结、民族教育中的作用，对进一步铸牢中华民族共同体意识，展示中华民族灿烂文化，实现中华民族伟大复兴具有重大意义。

北京地区收藏有一定数量的察合台文古籍，相对于北京地区蒙古文、藏文、满文、东巴文、彝文等少数民族文字古籍目录编辑起步较晚。但作为中华文化的一部分，有必要将北京地区所收藏的察合台文古籍进行编目。基于此目的，笔者翻阅了大量文献，对察合台文古籍的历史背景、古籍特点、研究现状进行了梳理，针对北京地区察合台文古籍的现状，借鉴目录学、民族学等多种学科的理论，把握“三阶段+全覆盖+一标准”的编目框架。

一、“三阶段”是指编目过程分成了电话调研、实地调研和入馆整理三个阶段。

（一）电话调研。电话调研作为普查工作的基础性工作，尽量全面地对北京地区有可能收藏察合台文古籍的图书馆以及相关科研单位进行调研，对收藏单位情况有个初步的了解。

（二）实地调研是确定最终收藏单位的重要过程。经过电话和实地调研，最终有7家收藏单位。这7家单位除了国家图书馆有简单的收录单外，其他6家收藏单位均没有系统整理，也没有收录单，更没有收藏目录。

（三）入馆翻阅是编辑目录的重要一步，要对古籍进行翻阅整理，登记造册，收集基本的目录信息。

二、“全覆盖”是指研究覆盖范围全面。

（一）古籍界定清晰，察合台文古籍，顾名思义是用察合台文书写成的古书。中华人民共和国文化行业标准《古籍定级标准》，规定“古籍”是中国古代书籍的简称，书写印刷于1912年以前[①]，但该标准未将少数民族语文图书列入。许多研究者从各民族古籍的实际出发，根据我国少数民族在新中国成立以后，共同进入社会主义社会的历史事实，认为可以将各民族古籍的下限时间认定为1949年以前。新疆维吾尔自治区古籍保护中心负责起草的《新疆维吾尔自治区少数民族文字古籍定级标准》，明确指出："新疆少数民族文字古籍主要指产生在中国新疆（包括历史疆域）境内用少数民族文字书写或印刷于1949年以前，具有新疆少数民族古典装帧特色和形式的书籍。"[②] 2018年出台的《中国少数民族古籍定级》（GB/T 36748–2018）范围中提到具有重要历史、学术、艺术价值及传承意义三个条件的各少数民族文字古籍时代下限延伸至1949（含1949年）。因此，本书所指察合台文古籍，均指1949年以前的文献。

（二）收藏单位全，本书收录了所有已知收藏机构的察合台文古籍，北京地区有国家图书馆、国家博物馆图书馆、民族文化宫中国民族图书馆、中国社会科学院民族学与人类学研究所图书馆、北京大学图书馆、中央民族大学图书馆、中央民族大学中国少数民族语言研究院等7家单位或部门藏有察合台文古籍，本目录对所有察合台文古籍进行逐册登记、分析与梳理。

（三）目录内容全面，为了尽量做到整理细化，将古籍的题名和责任者项、版本项、出版发行项、载体形态项、附注项等重要古籍信息均登记在册。对古籍的逐册整理是一个非常艰辛的过程，有5家单位的整理基本是从零开始，经过不懈努力，进行了逐册翻阅、登记、汉译主要内容，做到了全覆盖式的梳理和研究。

三、"一标准"是指察合台文古籍目录标准。本书是在对北京地区察合台文古籍进行全面整理和汇总的基础上，根据整理情况，拟定了察合台文古籍分类、编目、版本鉴定规则和标准，组织召开了专家鉴定会，对整理的北京地区察合台文古籍分类、目录、版本鉴定进行了统一，并在此次整理过程中将之前著录中出现的问题予以修正，最终形成完整的北京地区察合台文古籍目录辑要。本书除基本的编目信息外，对题名信息、著者信息、抄写者信

① 中华人民共和国文化部.古籍定级标准[S].北京：北京图书馆出版社，2007.

② 新疆维吾尔自治区古籍保护中心负责起草.《新疆维吾尔自治区少数民族文字古籍定级标准》[EB/OL]http：//wtgd.tlf.gov.cn/info/1616/73436.htm，2013.

息进行了转写，以减少因汉译出现的偏差。编目信息中的抄写和出版时间均以对应年号标注，但考虑到察合台文古籍很多是以回历标注时间的特点，因此也将回历时间加入辑要信息中，同时古籍对应的公历时间也相应做了著录，由于回历往往对应的并不是公历的整年，会出现跨年，因此如果给出明确的时间就给出了具体年号时间，如果存在跨年就直接给出了年号，以方便读者阅读。

目　录

北京地区 >>>>

察合台文善本

北京珍藏察合台文

古籍辑要

察合台文善本，一般都为稿本或抄本，保存较完整，版本价值较高，成书较早，非常珍贵。

对于北京地区的察合台文古籍，经过专家鉴定，此书中的目录辑要遵循一般入选国家古籍名录的古籍都可属于善本之列，2007年1月，国务院办公厅下发了《关于进一步加强古籍保护工作的意见》，部署古籍保护工作，提出“实现古籍分级保护，建立《国家珍贵古籍名录》”。《国家珍贵古籍名录》是中国政府为建立完备的珍贵古籍档案，确保珍贵古籍的安全，推动古籍保护工作，提高公民的古籍保护意识，促进国际文化交流和合作，而由文化部拟定，报国务院批准后公布的名录，主要收录范围是1912年以前书写或印刷的，以中国古典装帧形式存在，具有重要历史、思想和文化价值的珍贵古籍，以及少数民族文字古籍。除入选古籍名录，在《中国少数民族文字珍贵古籍入选标准（暂行）》中规定：清乾隆及乾隆以前的古籍；清乾隆后至清末具有重要历史、学术、艺术价值的古籍；具备清代及清代以前传统古籍特征，具有重要历史、学术、艺术价值者；纸质古旧，字体古朴，装帧优美，或以特殊工艺制作，内容反映早期历史文化者；民国时期具有特别重要历史、学术、艺术价值，其内容、装帧形式均为传统古籍者。①

这里需要说明的是，这部分被确定的善本毋庸置疑，不论是版本价值，还是文献价值都非常高。就目前各馆收藏的察合台文古籍中许多珍本也堪称善本，需要进一步的挖掘和考证，随着时间的流逝、版本信息的不断研究，

① 中国少数民族文字珍贵古籍入选标准（暂行）.[EB/OL]http：//www.sihuilib.cn/gjbh/showarticle.aspx？ articleid=1452，2013.

也有可能入选善本，所以说这里的“善本”仅针对此次整理，随着后续的发掘可能还会发生变化。

这一部分较全面地反映北京地区察合台文古籍善本的特色，顺序上先介绍入选《国家珍贵古籍名录》的善本，之后介绍新整理出来的经专家认定为善本的察合台文古籍。

一、《情之所钟》

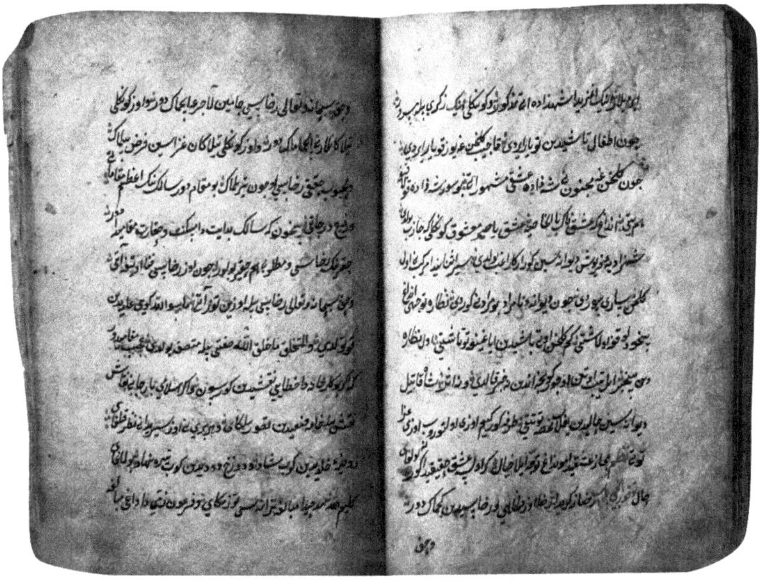

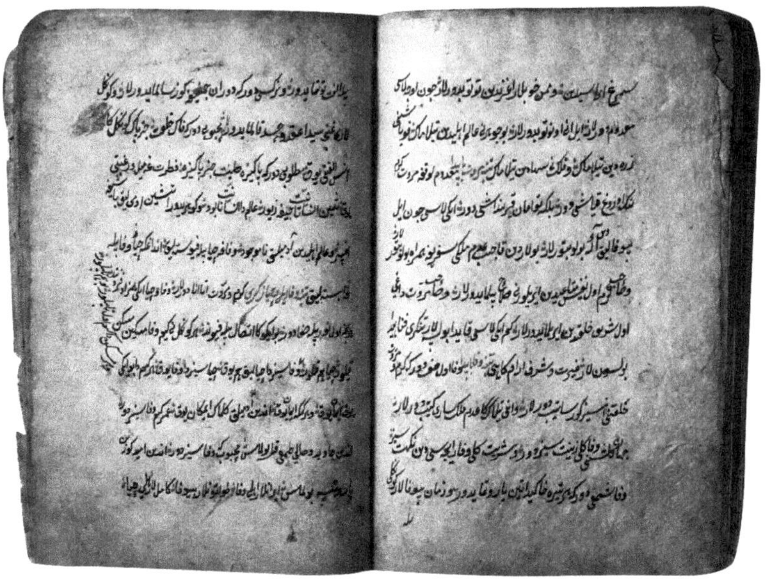

此善本《情之所钟》（Mäḥbubul Qulūb）系中国社会科学院民族学与人类学研究所图书馆藏，收藏编号：078，此古籍入选第一批《国家珍贵古籍名录》，编号02336。艾里希尔·纳瓦依（ʿÄlīšīr Nävā'ī）著，精装1册，清乾隆年间（1795—1796年，回历1210年）毛拉托合提·本·毛拉尤里达希（Mollā Toḫti Bin Mollā Yoldaš）抄本，抄写地是莎车，现存160页，纸张是桑皮纸，开本19.8cm×13.4cm，纸张面积19.6cm×13cm，有字面积约14.6cm×8.8cm。

纳瓦依全名尼扎木丁·艾里希尔·纳瓦依，维吾尔族伟大的文学家、思想家、哲学家①。他的作品在察合台文学史上有着重要的地位。纳瓦依擅长用察合台文创作，一生作品内容丰富、广泛，表现手法细腻、精妙，哲学观点简明、深刻，不论思想性还是艺术性都达到了很高的水平，在突厥语族诸民族②中享有崇高的荣誉。为今人留下了有关历史学、宗教学、伦理学及哲学等方面的许多宝贵的精神财富。创造了察合台文学史上的辉煌。纳瓦依在国内外文坛享有极高的声誉，俄罗斯、土耳其、法国、匈牙利、德国等国家从19世纪前半叶开始研究察合台文古籍，1991年纳瓦依诞辰550周年，联合国教科文组织将1991年命名为“纳瓦依年”；2011年纳瓦依诞辰570周年国际学术研讨会在乌鲁木齐举行，来自德国、土耳其、哈萨克斯坦及国内专家学者100余人参加此次会议③，掀起了对纳瓦依研究新的热潮。

纳瓦依一生著述颇丰，其中著名的著作就有30多部，内容广泛涉及哲学、语言学、伦理学、文化、美学、宗教学等多种学科，主要著有《海米赛》(《五卷诗》)、《四重奏》(《四卷诗》《精义宝库》)、《鸟语》、《情之所钟》、《两种语言的争辩》等经典作品。

随着我国对少数民族文字古籍的重视和相关部门支持，研究纳瓦依及其作品方面的专家学者在整理、刊布、出版纳瓦依作品方面做出了巨大的努力，并取得了一定成绩，据不完全统计，有近百篇论文及专著发表。2010

---

① 热依汗·卡德尔.论艾里希尔·纳瓦依的人文精神[J].民族文学研究，2018，36（05）：93-100.

② 本书沿用张铁山老师在其《突厥语族文献学》中“作为历史概念的‘突厥’与作为语言学概念的‘突厥语民族’不存在必然的联系”的说法。

③ 纳瓦依诞辰570周年国际学术研讨会在乌鲁木齐举行。[EB/OL].http：//news.cnr.cn/gnxw/201111/t20111102_508721235.shtml，2011.

年中国维吾尔古典文学和木卡姆学会开始启动《纳瓦依作品全集》整理出版工作，目前已整理出版《精义宝库》四卷专著。

《情之所钟》又译《心之所钟》，是艾里希尔·纳瓦依晚年时期的作品。《情之所钟》写于1500年，总结了他从青年到晚年整个人生过程的经验，也是他的政治观点、道德观念、哲学思想的结晶①。这部作品因为作于晚年时期，他的哲学已非常成熟，这部著作阐述了他的社会道德观，描述了当时社会、家庭和个人的道德状态，并提出了对理想社会的渴望②。纳瓦依描述的理想社会是一种公正、平等、正义的，在婚姻、爱情、家庭，婚姻中女人应该得到呵护和尊重，要对爱情忠诚。做人方面要有谦虚、忠实、知足、诚信、善良等优秀的品质并做出了正面的歌颂。《情之所钟》除了反映纳瓦依哲学思想和道德观念外，还提出了对文学作品的见解。

此文献由三部分组成，第一部分重点说明要主持公道，揭露了当时社会各阶层的特点；第二部分主要讲述了美德与不道德行为，提倡人民一定避免行骗、贪婪等不道德的行为，要养成忠诚、谦逊、公正等高尚品质，对伪善者、贪婪者进行了无情的抨击；第三部分由125个箴言、警句组成，主要提倡人民要好学求知、学以致用，鼓励懂道理的人继续进步。作品语言简洁、生动、有抒情、有议论，使用了柔巴依、克特额、毕依特、法尔德等多种诗体。对研究纳瓦依作品、察合台文学有参考价值。

---

① 阿依古力·阿不都热依木.论纳瓦依的作品《情之所钟》中体现的文学批评观念[J].新疆大学学报：哲学社会科学（维吾尔文版），2012（03）：115-119.

② 新疆维吾尔自治区维吾尔古典文学和十二木卡姆研究学会编.论伟大的诗人纳瓦依[M].乌鲁木齐：新疆人民出版社，2011：5-7.

二、《恰哈尔迪瓦尼》①

① 因此古籍入选古籍名录用的是《恰哈尔迪瓦尼》，目前更多使用的名字是《四重奏》。

这部善本《恰哈尔迪瓦尼》(《四重奏》)系中国社会科学院民族学与人类学研究所图书馆藏，收藏编号：023，此古籍入选第一批《国家珍贵古籍名录》，编号02337。此善本是清嘉庆年间（1819—1820年，回历1235年）手抄本。精装1册，现存1282页，纸张是桑皮纸，开本26.7cm×17.6cm，纸张面积26.4cm×15.9cm，有字面积约17cm×9cm，每页13行，红色三框栏、外框单线内框双线。

《恰哈尔迪瓦尼》(Čāhār Dīvān)又译《四重奏》《四卷诗》《精义宝库》《意渊》等，是纳瓦依重要的极具代表性且流传甚广的一部作品。整个作品由3132首诗组成，约45000行诗句。[①] 全诗由格则勒、穆斯泰、赫扎提、穆罕麦斯（五行诗）、穆赛黛斯（六行诗）、穆赛满（八行诗）等16种诗歌载体撰写而成，其中格则勒2700首[②]，占全诗的一半以上。

《四重奏》是在纳瓦依人生并不得意的背景下创作的，当时国王已放弃对他的重任，将其委命为特使而下放，虽然心情低落但纳瓦依意志并未消沉，他将精力转化到笔端，写出了巨著《四重奏》。《四重奏》顾名思义由四部分组成，分别是少年的奇思、青年的异珍、中年的美质、老年的收益，四部分是按年龄来分，每一部分的内容并非按时间划分，国内专门针对《四重奏》的研究成果比较少，有学者认为是按照韵律或韵脚最后字母的次序加以整理的[③]，对其四卷的分类划分尚不清晰。《四重奏》中的很多诗句选入《十二木卡姆》，堪称是察合台文抒情诗的典范之作。

《四重奏》虽然以爱情诗的形式进行了描写，但内容丰富，同时写出了作者对统治者的不满以及其人生理想，反映了纳瓦依的政治思想。纳瓦依远离故土、背井离乡实属无奈，是受到奸臣的陷害，帝王听信谗言而流放了他，当他踌躇满志想要在流放地做出一番事业时，又得到帝王的否定，这部作品中很多诗句都反映了作者对命运的无奈。纳瓦依是爱护人民的诗人，《四重奏》中充满了人文主义情怀，对人民大众的爱惜，对穷苦人民的同情。

① 艾里希尔·纳瓦依，张宏超译.纳瓦依格则勒诗选集[M].乌鲁木齐：新疆人民出版社，2001：4-5.

② 纳瓦依著，米尔苏里唐·乌斯曼诺夫编著.未收录四部诗集的纳瓦依格泽里[M].北京：民族出版社，2010：4.

③ 艾里希尔·纳瓦依著，张宏超译.纳瓦依格则勒诗选集[M].乌鲁木齐：新疆人民出版社，2001：4.

同时，纳瓦依也表现出了不被世人所接受的苦楚。

此文献是《四重奏》的缩略本，即从《四重奏》中节选出来的诗。就内容而言，《四重奏》的少年的奇思、青年的异珍、中年的美质、老年的收益四个部分都有节选，秉承了《四重奏》的核心内容，人生理想，反映了纳瓦依的政治思想。节选诗歌内容丰富，涵盖关于爱情、情义、信义、正义等内容，有情诗，有秉持公道劝说国王的诗歌。此文献保存完整，前部有词典，对作品中出现的波斯语、阿拉伯语词汇用察合台文进行注释，封面有一个铁锁，这种装订方式较为罕见。部分页面进行过修复。

三、《纳瓦依诗集》

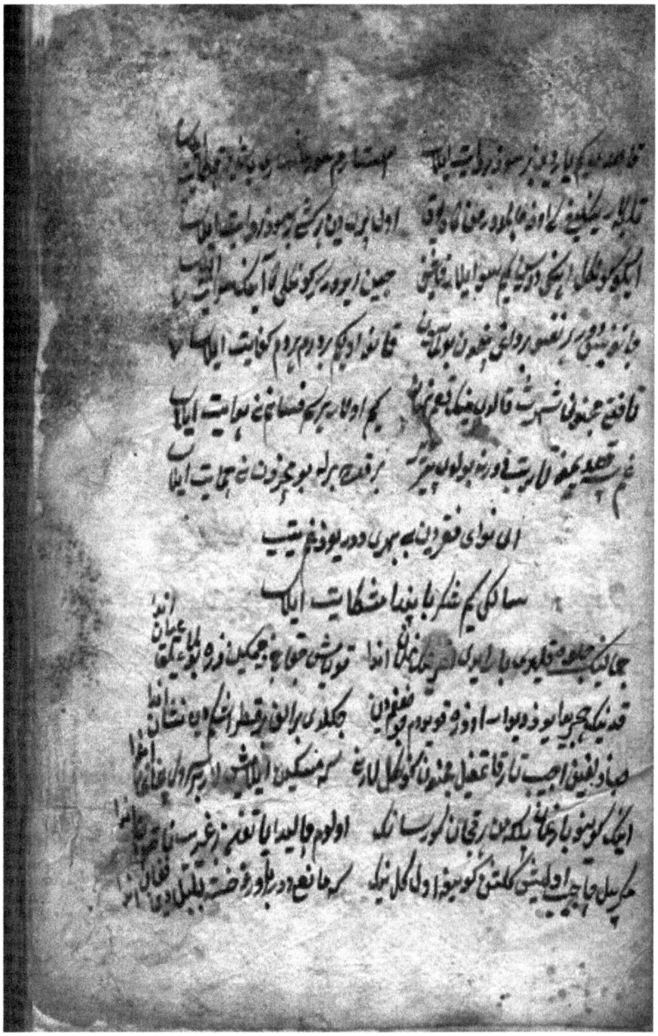

此善本《纳瓦依诗集》(Čähār Dīvān)系国家图书馆藏，馆藏编号：Cha第5件，入选第一批《国家珍贵古籍名录》，编号：02339。入选《中华再造善本》续编。艾里希尔·纳瓦依（ʿÄlīšīr Nävā'ī）著，平装1册（封面修复过），清光绪年间（1895—1896年，回历1313年）手抄本。现存640页，纸张是桑皮纸，开本37.8cm×23.4cm，纸张面积约38cm×23cm，有字面积29cm×17cm。

此文献是纳瓦依作品的诗歌选集，内容主要摘自《四重奏》，《四重奏》的少年的奇思、青年的异珍、中年的美质、老年的收益四个部分都有节选，诗歌内容积极向上，有关于爱情、道德、国家统治等多个方面。纳瓦依以启蒙者和主持正义者的身份，对社会进行观察和感受，描述了封建社会帝王相争的蔓延，压迫、不公平给人民带来的灾难以及社会上的狡诈、伪善、忌妒泛滥，倡导公平、正义，对人民大众的爱惜，表达了对穷苦人民的同情。文献对研究察合台古典文学以及当时社会政治、道德、哲学等方面具有重大的历史意义，是中华文化的珍贵精品。文献保存较完整，字迹清楚，修复过。

四、《医药处方书》

此善本《医药处方书》系中央民族大学中国少数民族语言研究院藏，收藏编号：002，入选第三批《国家珍贵古籍名录》，编号：09714。佚名著，清抄本，封面佚失，存382页，桑皮纸，纸张面积23.8cm×13.5cm，有字面积约18cm×10.3cm，每页15～17行。

此文献是一部维吾尔医学手册。维吾尔族医药历史悠久，独特的自然环境和气候条件使新疆各民族在同自然界和疾病长期斗争中形成了特色鲜明的医药体系。《中华人民共和国卫生部药品标准》（维吾尔药分册）收录的药品有 202 种，其中维吾尔药材 115 种、维药组方 87 种。大量实践证明，维吾尔医药对许多疾病确有特效，如对白癜风、糖尿病、肝炎、冠心病、胃溃疡、风湿症等[①]。

此文献主要内容为诊断、秘方、药物的制作配方等，药物的名称用红色字迹写出。此善本是一部对研究维吾尔族传统医药非常有价值的珍贵古籍，对病学、药学都有研究和参考价值。文献保存较完整，字迹清晰。

① 张振鹏，李淑文.科技史视野下新疆地区民族医学的形成和发展[J].自然辩证法研究，2019，35（09）：91-98.

五、《伊玛目艾山与伊玛目玉赛音传》

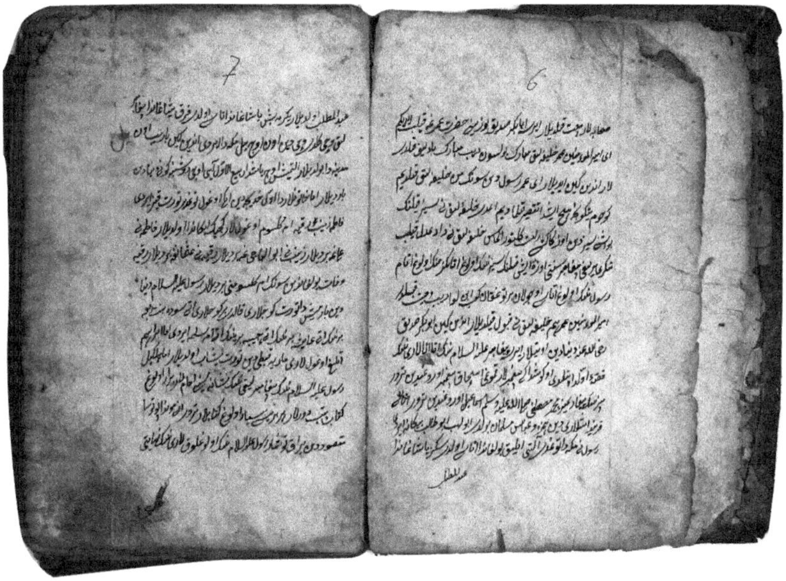

《伊玛目艾山与伊玛目玉赛音传》(Täẕkirä-i Imām Ḥäsän Imām Ḥusäyīn),又译作《伊玛目艾山与伊玛目玉赛音塔孜克日》《两个伊玛目传》。

此善本系中国民族图书馆藏,编号:008,入选第四批《国家珍贵古籍名录》,编号:11269。入选《中华再造善本》续编。佚名著,精装1册,清抄本,毛拉·穆罕默德·尼亚孜(Mollā Muḥämmäd Niyāz)著,图尔迪阿訇·本·萨迪克·霍加(Turdi Āẖūnd Bin Ṣādiq Hvācä)抄写,抄写地为喀什,现存162页,桑皮纸,开本31.8cm×21cm,纸张面积30.8cm×19.5cm,有字面积20.3cm×13.5cm,每页6~16行。

“伊玛目”一词是阿拉伯语音译,在宗教上一般用来指清真寺领拜人和伊斯兰教大学者。什叶派将伊玛目视为穆罕默德之后的权威,认为伊玛目与真主之间具有精神纽带关系,具有阐明律例、发布教令、注释经文的权力①。

此文献以散文体形式讲述穆罕默德的两位外孙、伊玛目阿里的长子艾山(624—670)、次子玉赛音(625—680)在7世纪穆罕默德去世后的故事,主要讲述了他们的成长经历、传播伊斯兰教等内容。对于研究伊玛目艾山、伊玛目玉赛因生平以及伊斯兰教历史有参考价值。本文献的第一页顶部用红色字体写了一句赞美诗和书名。此善本保存完整。

① 金忠杰.《古兰经》注释研究[D].上海外国语大学,2010:150-151.

六、《伊斯兰伦理百科》

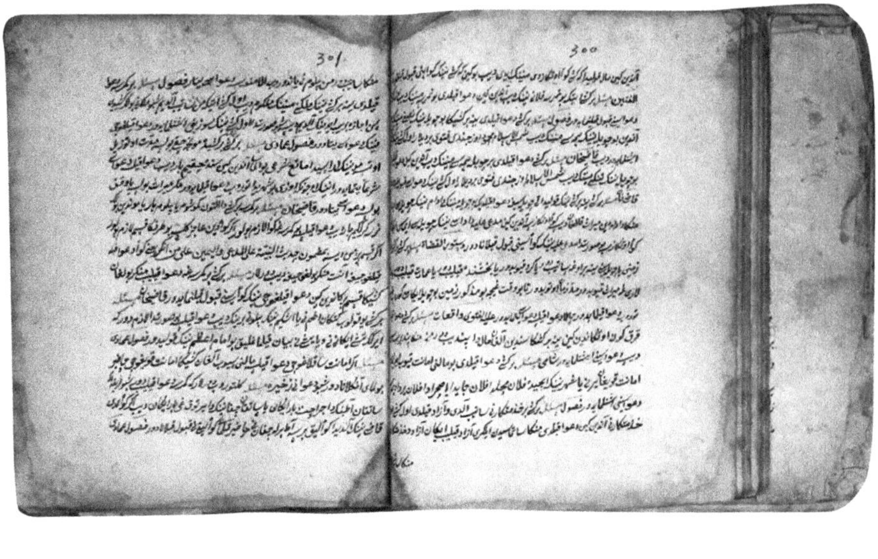

此善本《伊斯兰伦理百科》系中国民族图书馆藏，编号002，入选国务院颁布的第五批《国家珍贵古籍名录》，编号为12206。佚名著，精装1册，清咸丰年间（1860—1861年，回历1277年）抄本，抄写者斯玛依·本·阿不都热合曼（Ismāʿīl Bin ʿAbdulrāḥmān），现存366页，桑皮纸，开本32.8cm×27.5cm，纸张面积30.5cm×24.7cm，有字面积约23cm×16.5cm，每页17～18行。

此文献第1页是齐克尔（赞念），第2页到第6页是目录部分。第7页起正文部分，正文共有四十二章。目录中每一章和每一页都用红色书写，各章节的题目用黑色书写，正文里的章节也是用红色字体来区分。

此文献主要内容包含社会生活中的婚姻、家庭、工作、人际交往等方面应该遵守的道德伦理，提倡尊老爱幼、勤劳朴素、民族团结、社会和谐，还有信仰者日常生活中的相关注意事项等内容，从如何洗小净等细节、平日需要做的宗教功课，到临终遗言等问题都有讲述。对研究伊斯兰教伦理和教义有参考价值。此文献保存完整，字迹清晰。

七、《四重奏》

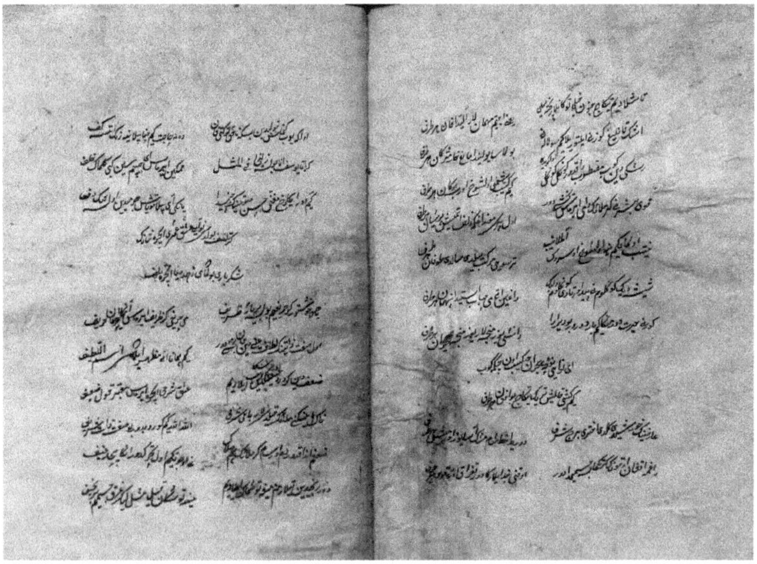

此《四重奏》[①]（Čähār Dīvān）系国家博物馆图书馆收藏，未入选收藏编号：001。艾里希尔·纳瓦依（'Älīšīr Nävā'ī）著，精装1册，清抄本，现存396页，桑皮纸，开本32.6cm×21cm，纸张面积32.4cm×20.7cm，有字面积约20cm×11.4cm，每页11行。

此文献第1页有抄写者写的题词，内容是《四重奏》的缩略本，即从四本诗集中节选出来的诗歌，内容涵盖爱情、提倡美德、劝言他人、讲述人生哲理等内容的诗歌。此善本对研究纳瓦依作品、察合台文学有非常重要的参考价值。文献保存完整，部分地方进行过修复。

① 本文之前对《四重奏》有所介绍，此古籍不再介绍，仅介绍古籍本身信息。

八、《列王记——勇士鲁斯塔姆》

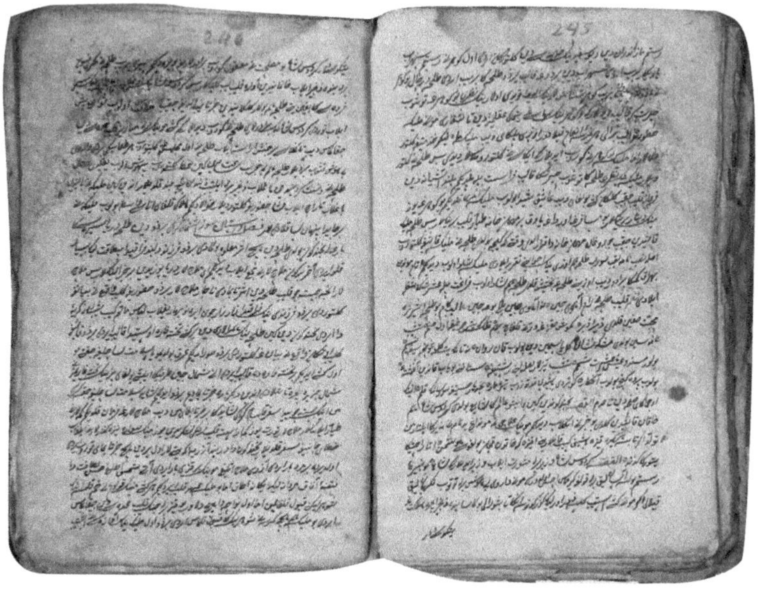

此善本《列王记——勇士鲁斯塔姆》(Šāhnāmä：Rustäm Pählävān）系中国民族图书馆藏，编号005。吾布力哈斯木·菲尔多西（Ubūlqāsim Firdävsī）[①]著，精装1册，清抄本，毛拉哈穆西（Mollā Hāšim）抄本，抄写于塔什干，现存400页，桑皮纸，开本36.8cm×24cm，纸张面积36.2cm×23cm，有字面积每页相差较大，每页19～26行。

《列王记》是伊朗著名诗人菲尔多西（940—1020）所著，菲尔多西在西方学术界被公认为世界上五大诗人之一（其他四位是：荷马、但丁、莎士比亚与歌德），歌德、玲涅、普希金等人都曾写诗著文歌颂他[②]。菲尔多西生于伊朗霍拉桑省图斯城郊，他出生在迪赫甘（地主）家庭，童年和青少年时期家庭较为富足，衣食无忧，受到了良好的教育，晚年生活贫困潦倒。后来，诗人在耄耋之年默默地死去[③]。菲尔多西通晓古波斯语（巴利维语）和阿拉伯语，曾对多种波斯历史和文学古籍进行过深入研究，熟知波斯古史和民间传说故事。菲尔多西最著名的史诗《列王记》，是经过30多年创作而成。

《列王记》又译《列王纪》《帝王书》《列王书》《王书》，成书于10—11世纪之交的中古伊朗，全诗12万行，6万联句，时间跨度4600年，内容涉及古代伊朗四代王朝50个国王的盛衰兴亡，其中可独立成篇的故事达20余个，它纵横捭阖，卷帙浩繁，享有古代伊朗百科全书的美誉[④]。《列王记》包括三部分：神话故事、勇士故事、历史故事。其中勇士故事占全书的一半以上篇幅，是《列王记》的精髓，其中英雄鲁斯塔姆是贯穿勇士部分的主要人物。同时《列王记》中的四大悲剧，即伊拉治、苏赫拉布、夏沃什、艾斯凡迪亚尔四代英雄人物的悲剧故事，有着强烈的悲剧精神和悲剧美，这在东方文学中极为少见。《列王记》在全世界享有盛誉，被翻译成了40多种语言出版，1990年《列王记》完成1000周年，联合国教科文组织通过决议把该

---

① 菲尔多西又译作费尔杜西。

② 潘庆舲.菲尔多西英雄史诗在东西方的巨大影响——纪念波斯诗圣菲尔多西诞辰1050周年[J].国外文学，1991（01）：38-60.

③ 陈昊."东方荷马"的"四大悲剧"——论菲尔多西的悲剧艺术[D].吉林大学，2018：41.

④ 韩文慧.丝绸之路上的文学传播与影响——以《列王纪》对《玛纳斯》的影响为例[J].昌吉学院学报，2013（01）：11-14.

年定为“菲尔多西年”。正如菲尔多西诗中所写：“巍峨的宫殿，虽是砖瓦建造，烈日、暴雨总要把它们毁掉。但是，我用诗歌建造的城堡，任凭风吹、雷轰都撼动不了。多少世纪飞逝而去，我的书——凡是有理智的人都在吟诵。”

此文献《列王记——勇士鲁斯塔姆》是抄写者节选的《列王记》中有关勇士鲁斯塔姆的故事。鲁斯塔姆皇族出身，幼年身强力壮，胆识过人，还未成年便杀死难以对付的白象，此后，他便以波斯第一位勇士的面貌出现在与敌国交战的战场上。文献中主要介绍了鲁斯塔姆的生平和英勇事迹。此文献对研究《列王记》、察合台文学有着重要的参考价值。此文献正文保存完整。

九、《穷苦人之友》

此善本《穷苦人之友》（Mu'nisul Fuqärā'）系中国民族图书馆藏，编号：047。批次佚名著，精装1册，清抄本，现存241页，桑皮纸，开本21.3cm×15.2cm，纸张面积21.4cm×14.3cm，有字面积约17.8cm×9cm，每页11～14行。

此文献主要包括赞词、目录、正文三个部分。文献正文共有40章的内容，包含苦行僧应遵守的戒律，要克制自己的贪欲，应具备虔诚、好学、廉洁、坚强等品质。此文献对研究伊斯兰教，及伊斯兰教中的苦行僧有参考价值。文献保存完整。

十、《铁匠书》

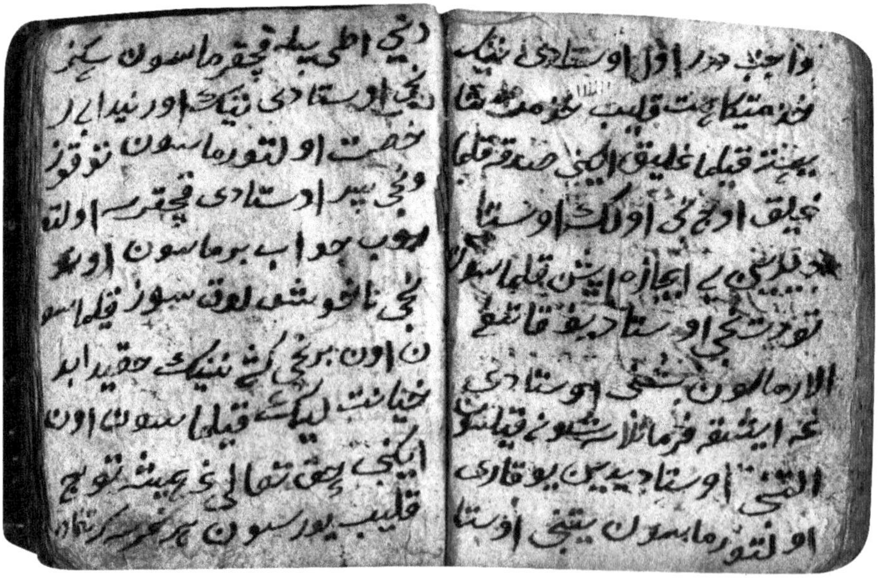

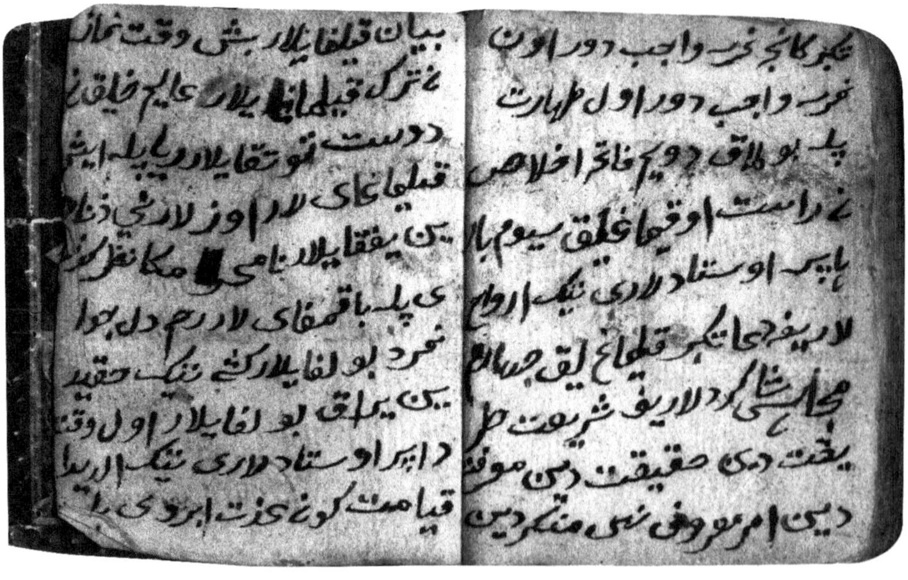

此善本《铁匠书》（Risālä'-i Tömürčilik）系中国民族图书馆藏，编号：104，此善本入选《中华再造善本》续编。佚名著，精装1册，民国年间（1937—1938年，回历1356年）抄本，现存90页，桑皮纸，开本13.5cm×10.7cm，纸张面积14cm×10.5cm，有字面积约12cm×9cm。

在察合台文古籍中有大量手工业类古籍，新疆地区的传统手工业有着悠久的历史，13世纪元代别失八里境内设立炼铁场铸造农具，新疆是农牧业社会，制作工具、牲畜的制铁掌等都需要冶铸业；14—15世纪新疆已有纺织丝绸、缎布①；新疆有传统的造纸业，俗称桑皮纸，察合台文古籍手抄本大部分使用的都是桑皮纸，并且当时人们的生活用纸大部分也是这种有韧性极具特色的桑皮纸。各行业均有相关的手册古籍流传至今，现存中国民族图书馆的《铁匠手册》就是其一，这些手工业古籍对研究行业历史，以及了解当时的生产生活模式和经济结构都有积极的作用。

此文献为口袋书，讲述了铁匠业的创始鼻祖和传承者，8世纪初，经过伊玛目·贾法尔·萨迪克（699—765）得到传授。文献主要内容是维吾尔传统铁匠业的手册，铁匠术工序，铁匠必须有的材料，铁匠所需的刀具、钳子、锤子、钉子等工具，铁匠术的条件，铁匠道德注意事项等内容。此文献对于了解新疆地区铁匠行业具有参考价值。文献保存完整。

① 钟应学.新疆手工业概述[J].新疆地方志，1992（09）：19-29.

十一、《心灵之光》

此善本《心灵之光》（Żiyāul Qulūb）系中国社会科学院民族学与人类学研究所图书馆藏，收藏编号：018。依巴迪拉·穆罕默德·依外孜（ʿIbādillah Muḥämmäd ʿIväẓ）著，写于明万历年间（1603—1604年，回历1012年），精装1册，清抄本，现存407页，桑皮纸，开本23.7cm×18cm，纸张面积24.4cm×17cm，有字面积约18.2cm×10.5cm，每页11～13行。

《心灵之光》的作者依巴迪拉·穆罕默德·依外孜是和卓·伊萨克·外力的狂热弟子，在写作过程中存在过分夸大和虚构的成分，其狂热的态度是值得注意的。例如日本学者滨田正美指出："在圣者传的世界里，纵然叙述的事件是虚假的，但造就虚假的精神是真实的。而且，为了把事件修饰得如同真实一般而利用的一些细节则是由真实构成的。"[①] 因此《心灵之光》是一部试图标榜和卓·伊萨克·外力的一部作品[②]，据乌兹别克斯坦学者Б·巴巴加诺夫的研究，15世纪后，特别是从和卓·阿赫拉尔的时代开始，纳格什班迪耶教团转变了其不追求财富和政治权力的态度，逐步走上了重视现世利益和积极参与国家政治生活的道路。随着这样一种演变，教团谢赫们的传记也不再止于宣扬他们的卓越德行和超自然能力，而是更加倾向于强调他们在其活动地域所发挥的政治和社会影响力。[③]

白海提分析撰写《心灵之光》是作者标榜和卓·伊萨克·外力在谢赫之位世袭问题上的合法性，就是作者执笔该书的真实意图[④]。研究表明，为反对伊禅·卡兰作为长子的世袭权，寻求和卓·伊萨克·外力世袭合法性的依据，卢特福拉·楚斯提曾引述《古兰经》第4章第175、176节的内容，在宗教界进行大肆宣传。然而，《古兰经》里的这些条文涉及的是穆斯林家庭女性成员及未成年者在财产继承上的相关权利，其中根本不存在与世袭谢赫之位有关的任何解释或规定。卢特福拉·楚斯提的这一做法，正如法国学者A·帕帕斯一针见血地指出的那样，无非是他为支持和卓·伊萨克·外力的

① 濱田正美.東トルキスタン・チャガタイ語聖者伝の研究[M].ユーラシア古語文献.研究叢書4，京都：京都大学大学院文学研究科，2006：26.

② 白海提.苏非派圣者传《心灵之光》初探[J].西北民族研究，2014（03）：72-82.

③ B.Babadjanov. Biographies of Makhdūm-i A ʻzam al-Kāsānī al-Dahbīdī, Shaykh of the sixteenth — century Naqshband ī ya.Manuscripta Orientalia（ISSN 1238 — 5018），1999（2）：3.

④ 白海提.苏非派圣者传《心灵之光》初探[J].西北民族研究，2014（03）：72-82.

世袭合法性而卖弄的伎俩而已[①]。

《心灵之光》在描写宗教人物时过于夸张，传奇的经历和神力几近神话。但作为一部文献古籍对于研究16世纪和卓的派系，中亚和新疆苏非派的活动是有一定的参考价值的。

此《心灵之光》主要有五部分内容，第一部分是和卓的祖系；第二部分是和卓·伊萨克·外力的出生、家庭背景；第三部分是和卓·伊萨克·外力成年之后的故事等内容；第四部分是关于智者、学者和谢赫；第五部分是和卓·伊萨克·外力的传奇故事。对研究新疆地区的和卓势力具有参考价值。

① Alexandre Papas. Shaykh Succession in the Classical Naqshbandiyya: Spirituality, Heredity and the Question of Body. Asian and African Area Studies (ISSN 1346 – 2466), 2007 – 7 (1): 44.

十二、《凯旋书》

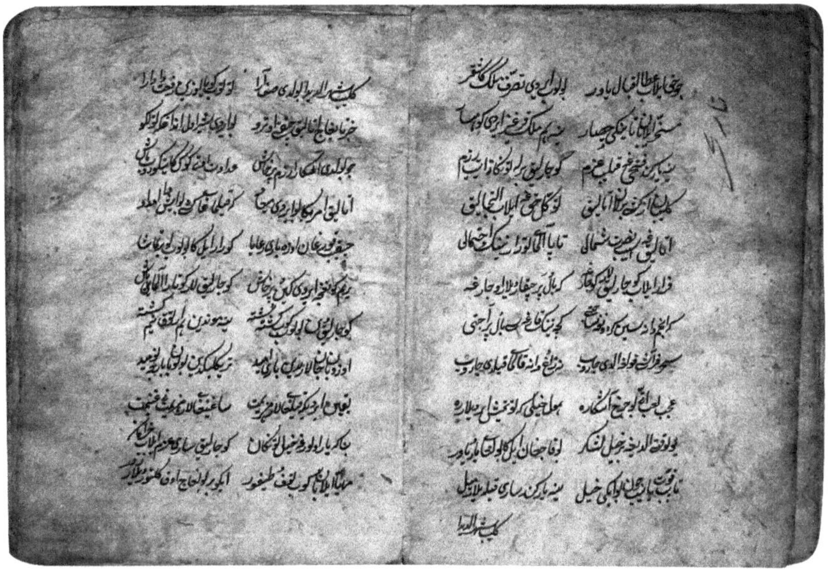

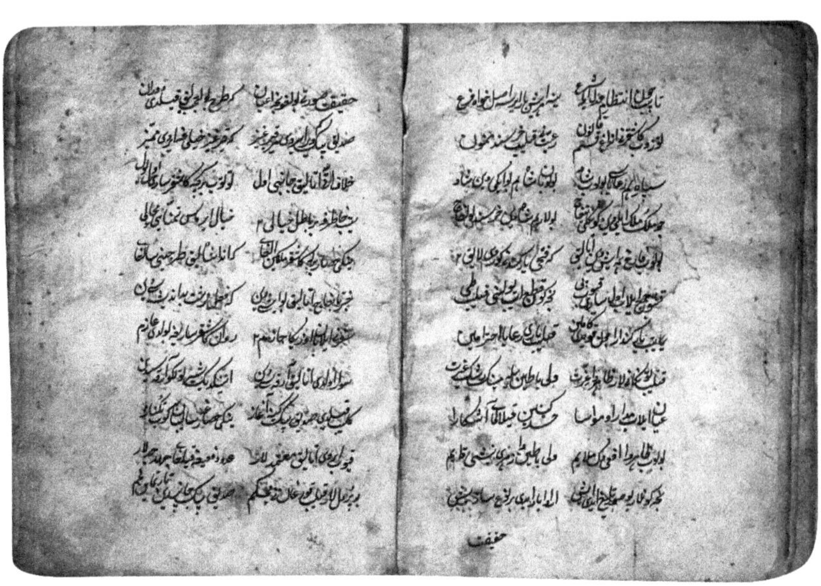

此善本《凯旋书》(Zäfärnāmä)系中国社会科学院民族学与人类学研究所图书馆藏，收藏编号：030。毛拉·夏克尔(Mollā Šākir)著，精装1册，清抄本，现存237页，桑皮纸，开本23.6cm×16.5cm，纸张面积23.5cm×16.5cm，有字面积约17.6cm×9cm，每页11行。

作者毛拉·夏克尔经历了清朝封建统治和地方封建势力的压迫，参加了1864年库车爆发的农民起义。毛拉·夏克尔最后去世于乌什地区。毛拉·夏克尔一生应该创作了很多作品，但目前仅有一部《凯旋书》流传下来，也是其最著名的代表作。

《凯旋书》又译《胜利诗》《胜利记闻》，全诗4830行，以麦斯乃维诗体创作。整部作品以农民起义为主线，因作者参加了起义，拥有亲身经历，故对起义的过程，自己内心的情感，都做了记载。所以此部作品不止于文学作品，在史学方面也具有重要的价值①。

《凯旋书》深刻揭露了清朝封建统治以及地方恶霸对普通民众的欺压和迫害，歌颂了人民群众的巨大力量。这部作品最大的成功之处是作者始终处于人民的队伍中间，体恤人民冷暖，对人民的力量给予了高度的评价和赞扬。

《凯旋书》除了在人物刻画上的成功之外，作者写作极具文采，在景物的描写上清新雅致、细致入微如、身临其境。作者的叙事描写和景物描写，结构紧凑、内容丰富、语言流畅，这在以前的作品中并不多见。

此文献为以19世纪社会生活中重大事件为题材的长篇叙事诗。对人民群众斗争进行了较为详细的描写，肯定和赞赏了起义过程中农民们的高度热情、不怕牺牲、不惧不退精神，热情歌颂人民的巨大力量。对于研究近代新疆历史有参考价值。保存完整，每一章内容标题用红色笔书写，每页分两栏，可能为稿本。

① 李国香.维吾尔文学史[M].兰州：兰州大学出版社，1992：291.

十三、《哈拉巴提诗集》

此善本《哈拉巴提诗集》（Dīvān–i Ḫ̱ārābātī）系中国社会科学院民族学与人类学研究所图书馆藏，收藏编号：046号。哈拉巴提（Ḫ̱ārābātī）著，写于清雍正年间（1733—1734年，回历1146年），精装1册，毛拉·霍加希（Mollā Ḫ̱vācäš）抄本，抄写于清道光年间（1832—1833年，回历1298年），现存406页，桑皮纸，开本20.6cm×15cm，纸张面积22.3cm×16.2cm，有字面积约17.2cm×8.4cm，每页15行。

哈拉巴提（Ḫ̱ārābātī）新疆阿克苏人，年幼父亲启蒙教育，继而在本村经文学堂读书，稍长赴布哈拉求学，获得大毛拉称号后返乡，在本村经文学校任教，兼清真寺伊玛目（教长）。哈拉巴提在伊斯兰法学和哲学方面有着独到的见解，曾为此写过几本书，以阐明自己的观点，引起当时宗教界的争论，但当时苏菲派盛行，他进步的、改革的观点与守旧、偏激的苏菲派不相容，而受到排挤，境遇凄惨。

哈拉巴提博学多才，曾有许多著作，但流传至今的只有《哈拉巴提诗集》，收录有112篇，计1300余行，主要由麦斯乃维诗歌组成（以aa，bb，cc，dd为尾韵形式的双行诗），作者希望用正统的伊斯兰教道德观念规范人们的言行和思想，以此反对寄生的宗教上层分子利用宗教欺骗、愚弄、剥削百姓的丑恶行径①。

此抄本内容主要赞美了真诚、虚心、知恩图报等美好道德，颂扬了人道主义精神和创造性、爱劳动、敬重知识等高尚品德，并主张国家执政公正；批评了居心险诈、贪婪、残暴、懒惰、受贿、搬弄是非、贪图享受等不良习气；提倡公平、先进的思想，反对宗教上层分子利用宗教欺压百姓。此文献对研究察合台文学有参考价值。文献保存完整，每页分两栏。

① 周绍祖主编.西域文化名人志[M].乌鲁木齐：新疆人民出版社，2006：219-220.

十四、《泰伯里史》

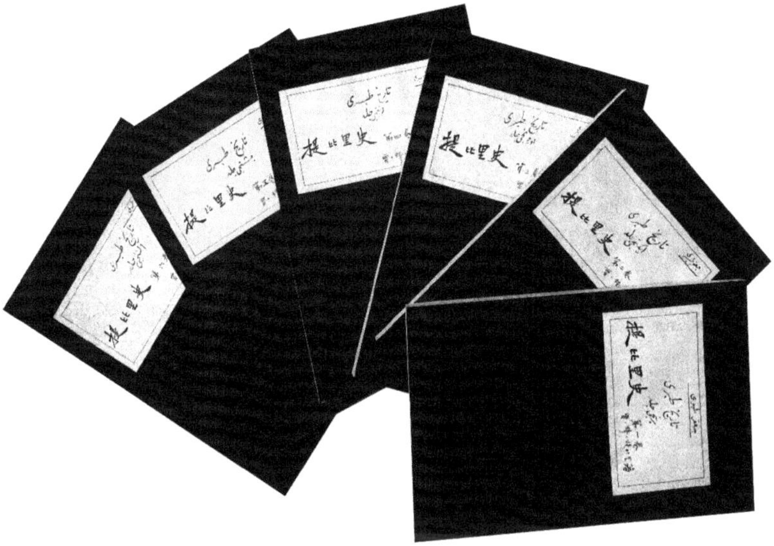

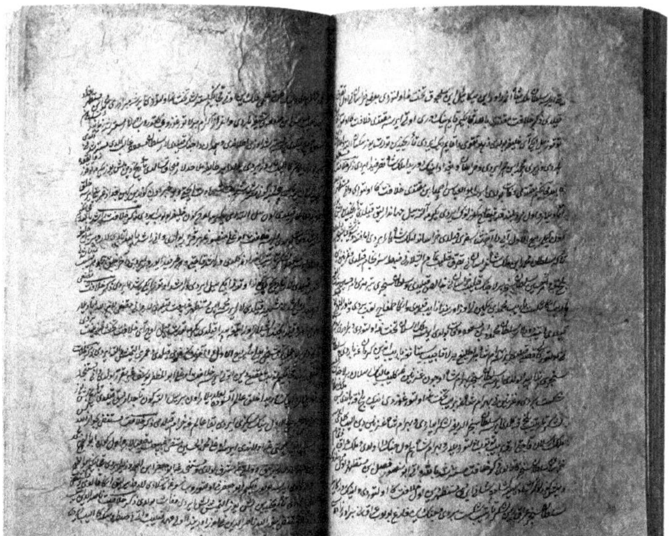

此善本《泰伯里史》[①]（Tārīḫ-i Ṭäbärī）系中国社会科学院民族学与人类学研究所图书馆藏，收藏编号：048。艾布·贾法尔·穆罕默德·伊本·哲利尔·泰伯里（Äbu Cäʿfär Muḥämmäd Ibin Cälā'il Ṭäbärī）著，精装6册[②]，清抄本，现存826页，桑皮纸，开本32.7cm×21cm，纸张面积32.6cm×20.6cm，有字面积约24.2cm×13.6cm，每页19行。

泰伯里（839—923），亦译作塔百里、托百里、提比里或陀拔里等，公元839年（回历224年）生于波斯泰伯里斯坦（今伊朗马赞德兰省）的阿莫勒城，并以出生地泰伯里著称于世。他是中世纪著名的《古兰经》注释家、圣训学家、伊斯兰教法学家、历史学家，阿拉伯编年体史书鼻祖[③]。泰伯里精通波斯语、阿拉伯语，通晓圣训、教法和伊斯兰各学科及各教派的学说。他擅长工诗作赋，谙熟犹太教、基督教及古代波斯祆教的历史，并对古代东方历史、文化、典章制度了如指掌，如数家珍，被誉为“精通百科的学者”[④]。

《泰伯里史》又译《提比里史》《历代民族与帝王史》，初稿卷帙浩繁，原稿有6万页之多，后来他责成学生们为之删节成书。全书为编年体，以宗教传说为主要线索，共分两大部分。第一部分，从创世纪开始，记述历代先知及波斯、罗马、阿拉伯等国家以及穆罕默德出生前阿拉伯的社会状况；第二部分，从穆罕默德生平开始，直到伊斯兰纪元9年的历史，史实叙述较为详尽，对历史条件都力求纪实年、月、日，它所记述的是波斯、中亚的历史[⑤]。泰伯里一改过去穆斯林史学家只重众先知史，而轻其他民族和宗教史的保守观点，尽可能地记载，体现了世界一统的宏观史学思想，这在当时是难能可贵、绝无仅有的，并且影响了后来的阿拉伯史学[⑥]。《泰伯里史》最初是阿拉伯文撰写，后被译成波斯语，又陆续译成法语、拉丁语和其他民族

---

① 《泰伯里史》又译作《提比里史》《历代民族与帝王史》，因目前更多使用《泰伯里史》所以本书均采用《泰伯里史》。

② 修复后分成的6册。

③ 金忠杰.泰伯里及其《历代民族与帝王史》[J].阿拉伯世界研究，2006（01）：61-64.

④ 穆萨·马斌.蜚声伊斯兰世界的伟大经注——泰伯里及其《经注大全》[J].中国穆斯林，1995（06）：19-20.

⑤ 赛生发.伊斯兰教历史文化名人及其著作[J].中国穆斯林，1990（02）：34-37.

⑥ 金忠杰.泰伯里及其《历代民族与帝王史》[J].阿拉伯世界研究，2006（01）：61-64.

语言。

此文献是翻译成察合台文的一部文献，萨迪克·喀什噶里曾翻译过《泰伯里史》。文献阐述宇宙和人类的产生以及诸帝王的辉煌历程。将创世纪开始到公元915年间的历史分为四个部分，第一部分为阿丹的诞生及他的后代西斯、依地力斯、努哈等来到人间，各地的圣人及其历史等内容；第二部分为穆罕默德、伊斯拉伊勒、苏莱曼、尔萨、孜克日亚等人的历史；第三部分为尤努斯、吉尔吉斯、阿尔达希尔、夏普尔、霍尔姆斯拜合热姆、弗洛兹夏、努希热宛等人的历史及穆罕默德的弟子们的传教活动；第四部分为在争夺哈里发过程中阿拉伯伊斯兰世界发生的各类事件。此外还记述了从亚当开始到后来的宗教人物及阿拉伯史，阿巴斯王朝的产生及此过程中发生的历史事件。《泰伯里史》有着重要的史学价值，在阿拉伯史学发展史上起到了巨大的作用和影响，为研究阿拉伯和伊斯兰教历史乃至世界史有重要的参考价值。此文献保存完整，有修复过的痕迹。有收藏印章多枚。

十五、《哈斯亚的特点》

此善本《哈斯亚的特点》（Mänāqib Ġävsīyät），中国社会科学院民族学与人类学研究所图书馆藏，收藏编号：059。佚名著，精装1册，清光绪年间（1878—1879年、回历1296年），穆罕默德·萨迪克（Muḥämmäd Ṣādiq）抄写，现存313页，桑皮纸，开本21cm×13.4cm，纸张面积21.2cm×13.5cm，有字面积约15.4cm×8.6cm，每页12～13行。

此文献中的哈斯亚艾则目指的是阿卜杜勒·卡迪尔·吉拉尼。阿卜杜勒·卡迪尔·吉拉尼（1077/1078—1166年），蔓迪林耶苏菲派创始人，出生在伊朗北部吉兰。他聪颖好学，幼时在私塾中接受宗教教育，18岁时到巴格达尼扎米耶经学院求学，后进入尼扎米耶经学院学习，后离开巴格达城，在荒芜之地独自苦修11年，1127年进入巴格达尼扎米耶经学院从事教学工作，他并不排斥其他学派的学术主张，博采众家之长，他的苏菲思想集中反映在他的著述和劝谏演讲中[①]。阿卜杜勒·卡迪尔·吉拉尼，在伊斯兰苏菲派中有着崇高神圣的地位和巨大的影响，大多数教团奉其为鼻祖[②]。

《哈斯亚的特点》又译《美德》，文献主要讲述了阿卜杜勒·卡迪尔·吉拉尼的出生，出生后的故事；阿卜杜勒·卡迪尔·吉拉尼执迷于伊斯兰教，严格按照教规来规范自己，受到教徒的尊敬和爱戴；阿卜杜勒·卡迪尔·吉拉尼生平的故事。此文献对于研究伊斯兰教苏菲派，尤其蔓迪林耶苏菲派具有一定的参考价值。此文献保存完整。

---

① 哈宝玉.阿卜杜勒·嘎德尔及其苏菲思想初探[J].世界宗教研究，2009（03）：114-124.

② 马玮.蒋郁如苏菲学理与苏菲实践研究[D].西北民族大学，2013：21，77.

十六、《君子神往》

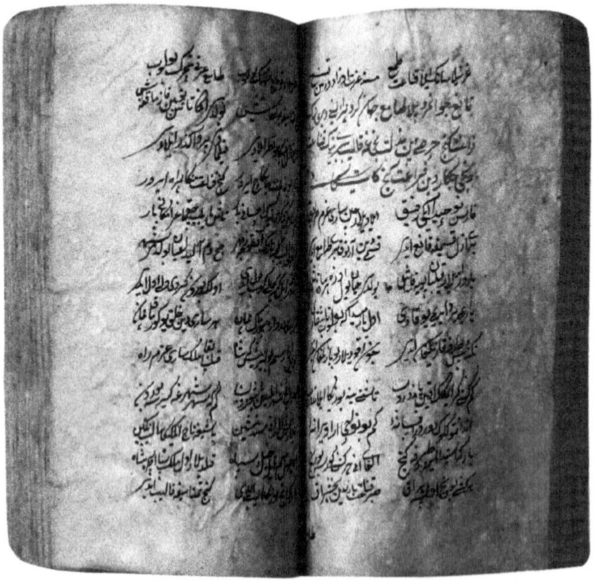

此善本《君子神往》(Ḥäyrätul Äbrār)系中国社会科学院民族学与人类学研究所图书馆藏，收藏编号：075。艾尔西里·纳瓦依（'Ālīšīr Nävā'ī）著，精装1册，清抄本，毛拉伊萨克·叶尔坎地（Mollā Isḥāq Yārkändi）抄本，现存338页，桑皮纸，纸张面积20.4cm×11.2cm，有字面积约16cm×7cm，每页13行。

《君子神往》又译《正直人的惊愕》，为纳瓦依的《海米赛》(即《五卷诗》)的第一卷。《海米赛》是纳瓦依流传下来的著名篇章，很多专家学者认为《海米赛》是纳瓦依创作的巅峰之作。《海米赛》创作于1483—1485年间，用察合台文写成[①]。"海米赛"本义是"五"的意思，是当时中亚地区文学创作的一种形式，通常"海米赛"是由五部长诗组成，每部长诗内容上并不相同。纳瓦依所创作的《海米赛》包括《君子神往》(《正直人的惊愕》)、《莱丽与麦季侬》、《帕尔哈德与希琳》(《法尔哈德与希琳》)、《七星图》、《亚历山大的城堡》(《斯坎德尔的城堡》)五卷内容。

《君子神往》共63章，是一部哲理长诗。其中第一章是前言，中间二十章是寓言故事，后三章是尾部。20个寓言故事是文献主体部分，每章为一论，每论通过具体的故事阐释一个问题，表达了诗人的哲学思想、人生观、价值观，对社会、人生的思考，对宗教信仰的虔诚，阐述了当权者所应具备的才能和品质。诗中不惜笔墨对正直、诚实、忠诚、仁慈、公正等优秀品质进行了赞美。

此文献由前言、主体和结尾三部分组成，在前言部分，诗人介绍了于他之前的几位写海米赛的大师们，以及写该海米赛的目的；正文部分每一章为一论，每一论通过具体的故事，阐释一个问题，分别表达他对道德、宗教、哲理、社会生活等的看法。分别表达作者对道德、宗教、哲学和社会生活的等多个方面的看法，其中包括论信仰、论国王、论恩惠、论德行、论知足、论信义、论爱情、论真诚、论知识、论文人、论酒徒等；结尾阐述了自己创作这部作品的意图和愿望，指出了自己所进行的变革和创新。此文献对研究纳瓦依作品，察合台文学有参考价值。保存完整，每页分成两栏。

---

① 张丽.维吾尔族文学史上的丰碑——纳瓦依的《五卷诗》[J].西北民族大学学报(哲学社会科学版)，2005(05)：136-140.

十七、《四重奏》（王府版本）

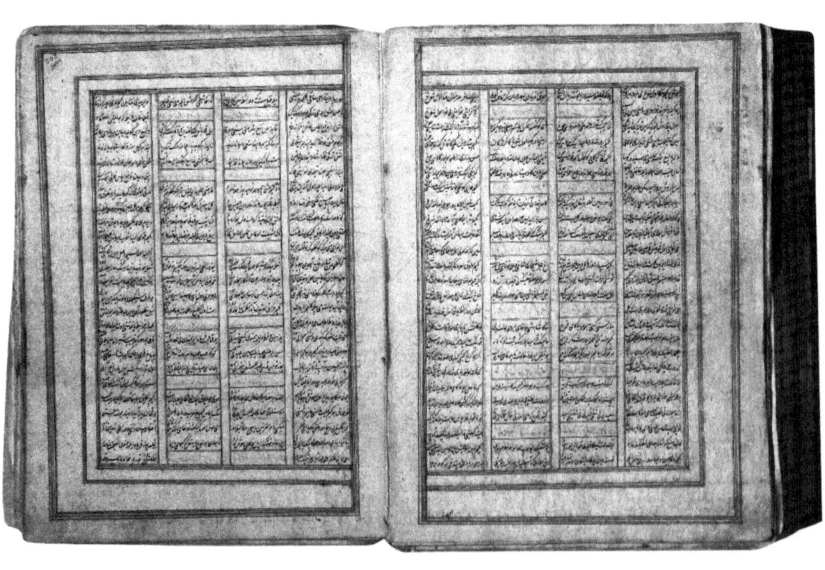

此善本《四重奏》（Ḫäzā' inul Mä'ānī）系中国社会科学院民族学与人类学研究所图书馆收藏，收藏编号：087。艾里希尔·纳瓦依（'Älīšīr Nävā'ī）著，精装1册，清道光年间（1834—1835年，回历1250年），毛拉穆罕默德·哈斯木·哈穆里（Mollā Muḥämmäd Qāsim Qamili）抄本，抄写地可能是哈密，现存568页，桑皮纸，开本35cm×25cm，纸张面积34.9cm×24.4cm，有字面积约25.6cm×17.2cm，每页25行，三框栏。

此前介绍过《四重奏》又译《意渊》《精义宝库》《四卷诗》《恰哈尔迪瓦尼》，是纳瓦依著作当中占据重要地位的四部诗集。该文献为哈密王府用书或藏书，故有一页有穆罕默德·伯希尔的印章。此版本非常珍贵，北京地区仅发现此一部王府版藏书。同时，此文献为《四重奏》的较为完整版本，从四本诗集中节选出来的诗歌，诗歌内容包括爱情、情义、信义、道德等多方面的内容。1～8页：该书的概况，书名，章节，前言等；10～141页：为第一卷“少年的奇思”；142～267页为第二卷“青年的异珍”；268～391页为第三卷“中年的美质”；393～526页为第四卷“老年的收益”。529～568页为结尾诗。保存完整，有四副贴金插页。对研究纳瓦依作品、察合台文学有参考价值。

十八、《艾尔西诗集》

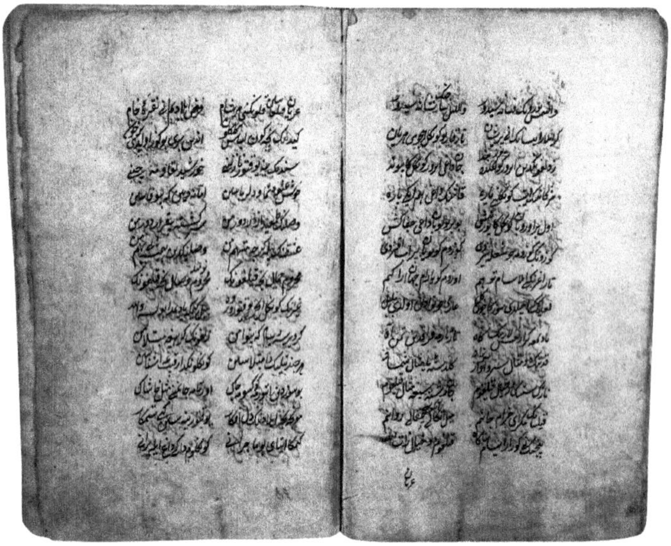

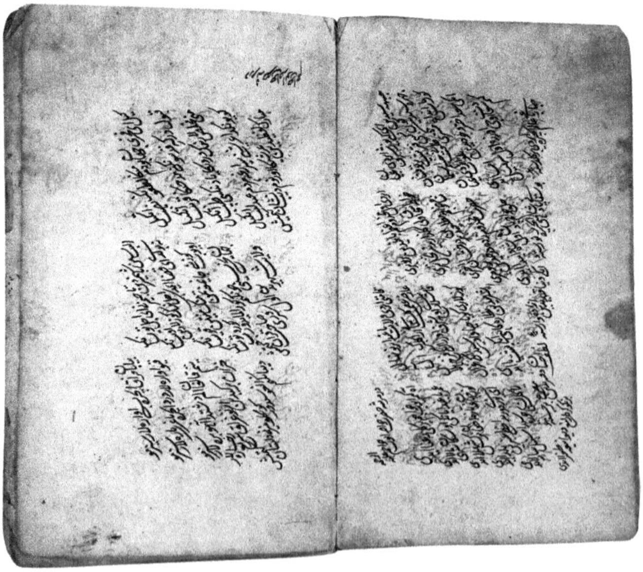

此善本《艾尔西诗集》（Dīvān-i ʻÄršī）系中央民族大学图书馆藏，收藏编号：005。艾尔西（ʻÄršī）著，精装1册，清抄本，抄写地莎车，现存160页，桑皮纸，开本21.7cm×12.6cm，纸张面积21.7cm×12.6cm，有字面积约15.5cm×7.5cm。

艾尔西（1685—1756），又译艾尔希，全名和卓·加罕·艾尔西，原名和卓·雅克夫，艾尔西是其笔名。出生于黑山派和卓家庭，其祖父是和卓·叔依布，其父是达尼雅勒·和卓。1685年生于忽占[①]，1690年回到新疆，后遭到流放，1735年其父去世，得到释放，从此在莎车执政20年，颇有声望，以其聪明才智和超凡的能力，发展生产，繁荣文化，人民生活得到改善，开创了一个在当时和卓混战难得的平稳时代。后被白山派布尔阿尼定·和卓所害。艾尔西在《伟人记传》《伊米德史》等作品中均有记载，可见其当时的知名度[②]。

艾尔西从小聪明伶俐，学习古典诗歌，从青少年开始从事文学创作，深受纳瓦依的影响，学习纳瓦依诗歌的艺术手法和风格。艾尔西能够熟练运用格则勒、柔巴依、木哈麦斯、木赛满、萨克纳麦等诗歌书写体，体现了其深厚的文学功底和卓越的诗歌天才，有很多诗作入选《十二木卡姆》。

艾尔西一生留下很多作品，这些诗作被集结成《艾尔西诗集》流传下来。《艾尔西诗集》有100多首多种体裁的诗歌，以格则勒为主。现代维吾尔文出版的《艾尔西诗集》包括90首格则勒、8首柔巴依、1首祝酒诗等组成。艾尔西的作品内容丰富，有爱情、爱国、道德等方面主题。艾尔西思想先进，通过富有感情的诗歌提出自己的亲民、爱国、进步的思想，倡导解放思想、倡导发展。批判社会中脱离现实、缺乏真情的现象、批判当时的社会上存在的腐败、不公平等风气，可以说是在苏菲派文学盛行，主张抒发对真主的爱，赞美真主的美，主张走厌世之路的情况下，站在苏菲派对立面来歌颂人间的爱，可以说是一种进步的人文主义思想。这在当时社会历史背景下有如此思想非常先进的作品是难能可贵的。

此古籍以诗歌为主，包括100多首多种体裁的诗歌，以格则勒为主。内

① 又译苦盏、胡占德，地处塔吉克斯坦。

② 李国香.李国香文集（第一集）[M].北京：中国文联出版社，2004：229-230.

容主要以歌颂爱情，歌颂祖国和人民为主题的诗歌，批判当时社会上存在的腐败、不公平等风气，倡导解放思想、倡导发展。对研究艾尔西作品、察合台文学有参考价值。保存完整，字迹清晰。

十九、《穆圣传》（民大）

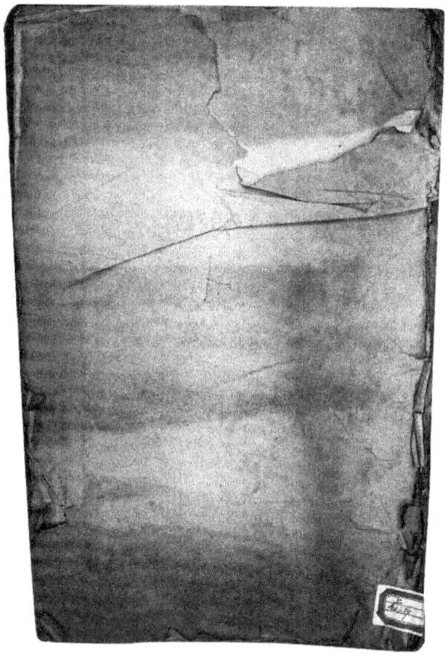

此善本《穆圣传》[①]（Sīr-i Šärīf Türkiy）系中央民族大学图书馆藏，收藏编号：006。麦吾拉纳·穆恩丁（Mävlānā Muvā'iddīn）著，平装2册，清乾隆年间（1785—1786年，回历1200年）抄本，毛拉·穆艾音（Mollā Mu'äyiyin）抄写，抄写地不详，现存864页，其中上册433页，下册431页，桑皮纸，开本44cm×28cm，纸张面积44cm×27.7cm，有字面积约31cm×16cm，每页25行。

《穆圣传》是15世纪中叶麦吾拉纳·穆恩丁撰写，内容是有关圣人穆罕默德生平及其品质和奇迹的书[②]。主要记述众伊斯兰教宗教人物的故事和穆罕默德从麦加到麦地那的迁徙过程，从迁徙到他逝世期间发生的事情。《穆圣传》对研究伊斯兰教历史、察合台文传记文学与语言发展转变过程有珍贵的参考价值。[③]国家非常重视民族文献的保护工作，拨专款保护和整理历史流传下来的《古兰经》《穆圣传》等古籍，涉及宗教的非物质文化遗产也得到有效保护和传承[④]。

此古籍文献分两册，由一则前言、正文、结尾组成。第一册为第一、第二卷合订本，开始为前言，包括书名、赞词、祈祷词、圣训等。正文包含四卷内容，第一卷讲述了人类被创造的时刻到传至穆罕默德及其他宗教人物的故事，如易卜拉欣接到旨意，易卜拉欣与伊斯玛仪的宰牲故事，哲布勒伊来（即《古兰经》中四天使之一）扮演成乞丐与易卜拉欣家的故事，易卜拉欣分别与几位忠心耿耿的信徒谈话等易卜拉欣的故事；第二卷主要讲述了先知所要具备的条件和特征，内容包含伊斯兰教知识，诺亚先知造船，优素福关于穆罕默德的预言，穆罕默德的特征，从穆罕默德出生时起到14岁左右时；第三卷主要讲述了穆罕默德自40岁到迁徙之年（公元622年）12年间的经历和事迹，在穆罕默德40岁时，开始去麦加郊区的希拉山洞，潜修冥想，也正是在这山洞里听到哲布勒伊来带来的启示，从此奉命传教，后来在

---

① 又译《穆圣荣耀记》。

② 古丽努尔·帕尔哈提. 新疆少数民族古籍图书简介[J]. 新疆社科信息，2012（1）：31-32.

③ 丛冬梅. 新疆地区入选“国家珍贵古籍名录”的古籍之述评[J]. 新疆教育学院学报，2015，31（04）：110-113.

④ 中华人民共和国国务院新闻办公室. 新疆的宗教信仰自由状况[N]. 人民日报，2016-06-03（010）.

穷人中开始传教，再对古莱什上层人士传教，受到攻击等故事；第四卷主要讲述了穆罕默德于公元622年带领早期的穆斯林由麦加迁徙到麦地那及其过程中的故事，迁徙之后的每一年为每一章题，迁徙之后发生的战役，如白德尔之战、吴侯德之战等及穆罕默德去世等。最后附有结语部分。此文献对研究伊斯兰教宗教人物和历史，察合台文传记文学有参考价值。保存较完整，部分修复过，第一册有印章两枚。

二十、《穆圣传》（国图）

此善本《穆圣传》（Sīr-i Šärīf Türkiy）系国家图书馆藏，馆藏编号：Cha第36件。麦吾拉纳·穆恩丁（Mävlānā Muvā’iddīn）著，精装1册，清嘉庆年间（1798—1799年，回历1213年）抄本，伊玛目·毛拉·穆罕默德（Imām Mollā Muḥämmäd）抄写，抄写于喀什，现存388页，桑皮纸，开本28.9cm×19.2cm，纸张面积27.9cm×18.4cm，有字面积约22.8cm×13.3cm，每页18～19行。

《穆圣传》一共四卷，此文献为第三卷。主要讲述了穆罕默德四十岁起直至迁徙之间的故事，如最初得到启示；穆罕默德传教；《古兰经》开端、颁布（《古兰经》不同的章节、教义是在不同的时间和地点颁布的）；迁徙至麦地那的故事；登霄的传说等内容。此古籍对于研究伊斯兰教宗教人物和伊斯兰教历史有参考价值。此古籍保存完整，字迹清楚，修复过，最后五页为不同收藏者所留的字迹，包括了年代、姓名、地点等信息。

北京察合台文 >>>>
古籍目录

本书的第二部分是北京地区目前已知公共图书馆或研究机构珍藏察合台文古籍目录辑要，填补了目前尚没有北京地区察合台文古籍收藏目录这一方面的空白，对进一步加强保护、抢救开发、利用中华文化遗产，继承和弘扬民族优秀文化，铸牢中华民族共同体意识有着积极的作用。

在著录过程中，用了统一的目录格式，力求反映古籍的信息，全面借鉴汉文及比较成熟的少数民族文字古籍著录情况，根据《古籍著录规则》（GB/T 3792.7—2008）以及察合台文古籍的特点，在本书的察合台文古籍目录的著录项中主要包括题名、责任者、版本项、出版发行项、载体形态、附注项等版本信息。

察合台文古籍著录主要采用汉字著录，汉字是我国通用的文字，采用汉字著录是有效检索和利用的趋势。

同时，在目录编辑过程中涉及页数、尺寸等需要数字标识的地方，均采用阿拉伯数字著录；尺寸在察合台文古籍中主要涉及的长度单位是厘米，因此在著录过程中统一采用国际单位“cm”。

察合台文古籍的著录格式在之前并未出台相关标准，在整理北京地区察合台文古籍的基础上，结合《古籍著录规则》《中国文献编目规则》规定，以及藏文、蒙古文、彝文等少数民族古籍著录格式，根据察合台文古籍的特点选择了较为接近分段著录格式的著录格式，这种著录格式可以较为直观、清晰、全面地展现古籍基本信息、保存状况和古籍概况。

在察合台文古籍实际著录过程中，由于察合台文古籍特殊的装帧结构，往往开本的面积和内部纸张的面积并不相同，同时由于抄写习惯或者抄写方式不同、印刻方式不同，有字面积也会不同，因此目录中出现了三个面积的值因，其中手抄本的有字面积为约值，在测量了文献半数以上页面的有字面积之后的平均值，在著录项尾部用括号加以标注。

关于目录所采用的符号、著录项的说明、著录格式分析等内容，著者另一部专著《北京地区察合台文古籍保护整理研究》中有详细说明，这里基本延用分段式著录格式，具体参见图1：

> 正题名
>
> 拉丁符号题名
>
> 其他题名信息
>
> 第一责任说明；其它责任说明．——版本说明，附加版本说明．——抄写地：抄写者，抄写年；修版地：修版者，修版年（印刷地：印刷者，印刷年）
>
> 文献数量及特定文献类型标识：其他形态细节；尺寸＋附件．——（丛编正题名：丛编其他题名信息/丛编责任说明；丛编编号）
>
> 古籍类型，装订方式，封面材质，现存页数，文献纸张．——纸张面积，字体面积，每页行数，边栏
>
> 内容提要
>
> 收藏地，获得方式
>
> 版本等级
>
> 其他附注项

图1：察合台文古籍著录格式

本部分的目录以收藏馆为单位，馆藏编号为顺序进行编目。部分馆存在题名一样的古籍文献，或印刷版本相同的文献，但由于保存现状不尽相同，所以单独编目，未合并；题名一样或者类似的古籍在目录“注”当中进行了比较说明。但因为古籍的特殊性，在出库、阅读方面都有严格的规定，尽管存在跨馆相同题名的古籍，本书中并未进行比较，有待日后完善。

一、国家图书馆察合台文古籍收藏目录

国家图书馆作为我国重要的国家藏书单位，应当是北京地区察合台文古籍普查的第一站。

国家图书馆的察合台文古籍收藏条件是最好的，并进行了整理，有馆藏目录单，每一部古籍都有定制函套，并且有5部进行了修复。在对每一部古籍进行整理翻阅后，最终确定国家图书馆收藏有16部察合台文古籍。

国家图书馆目前收藏的16件察合台文古籍，手抄本13件，石印本3件，其中手抄本包含清嘉庆时期手抄本1件、清道光时期手抄本2件、清光绪时期手抄本1件。编号为Cha第5件《纳瓦依诗集》入选第一批古籍名录，另有Cha第36件《穆圣传》与Cha第5件号，品相、年代类似，也具有较高的学术和版本价值，堪称善本。

1.《纳瓦依诗集》

Čähār Dīvān

艾里希尔·纳瓦依（ʿÄlīšīr Nävā'ī）著

手抄本.--抄写地不详，抄写者不详，清光绪年间（1895—1896年，回历1313年）。

1册；37.8cm × 23.4cm（开本）

文学类文献，平装，封面软纸，640页，正文桑皮纸.--纸张面积38cm × 23cm，有字面积约29cm × 17cm，每页15行。

内容提要参见第12页。

国家图书馆藏，馆藏编号：Cha第5件

善本

注：保存较完整，字迹清楚，修复过，此文献入选第一批古籍名录，编号：2339

2.《好人之花园》

Ḥāsir-i Ṣālihīn Vä Šähri Nävruz

穆罕默德·孜亚吾敦（Muhämmäd Ziyavuddin）著

手抄本.--抄写地不详，抄写者不详，清道光年间（1883 — 1834年，回历1249年）。

1册；20.8cm × 14cm（开本）

宗教类文献，精装，封面软纸加皮，9页（察合台部分），正文桑皮纸.--纸张面积20.1cm × 13.2cm，有字面积约16cm × 9cm，每页13行。

此文献察合台文部分的内容主要讲述了一段都瓦（经文），以及这段都瓦的功效，在什么情况下或者什么原因下念此段都瓦，以及这段都瓦的辟邪避灾功能等内容。

国家图书馆藏，编号：Cha第18件

珍本

注：此文献大部分为波斯文以及少量的阿拉伯文内容

3.《穆斯林的任务》

Mänhāt-i Muslimīn

佚名著

手抄本.--抄写地不详：抄写者不详，清。

1册；18.9cm × 11.7cm（开本）

天文历法、宗教类文献，精装，封面硬纸加皮，94页，正文桑皮纸.--纸张面积18.9cm × 11.4cm，有字面积约15.9cm × 8cm，每页8 ~ 11行。

此文献主要讲述了伊斯兰教礼拜时念的经文和祷告词，以一问一答的形式撰写了关于伊斯兰教的常识，如：什么是信仰，什么是主功，伊玛目有几个，对于伊玛目的要求等内容。除以上内容，此文献还包含了行星的运动、星象、择日做事等内容。

国家图书馆藏，编号：Cha第19件

珍本

注：保存较完整，文献部分阿拉伯文内容

4.《四个苦行僧》

Čähār Därvīš

《四位苦行僧》《四个托钵僧》

埃米尔·胡斯拉维·德黑列维（Ämīr Ḫūsräv Dehlävī）著，毛拉·斯蒂克（Mollā Ṣidiq）译

石印本.--塔什干：出版者不详，清光绪年间（1900—1901年，回历1318年）。

1册；25.1cm × 16cm（开本）

传记类文献，精装，封面硬纸加皮，264页.--纸张面积24.7cm × 15cm，有字面积约20.8cm × 11.9cm，每页19行，四周有边框。

《四个苦行僧》作者撰写时间为1320年，翻译时间为1813年。《四个苦行僧》主要描写了四个苦行僧的故事，内容主要关于伦理、爱情、品德等内容。此文献包含了赞词、译者信息、正文和结尾几部分，首页是赞词；第2～5页是该书的译者信息、翻译需求及一些赞美该书的词句；第5页开始是正文，讲述了一位国王，他没有儿女，他很担心自己的王位无人继承，向忠臣表述了苦衷，后来遇到四个苦行僧。四个苦行僧讲述了各自的经历和故事。前两个苦行僧讲到天亮，后两个则被邀请到王宫继续讲自己的故事。国王听他们讲述有关珍惜生命，忠实于爱情，不能为钱财而忘记同胞情义，大臣们不能因私利而背叛国王，要有良知，关怀百姓等内容的民间叙事诗，最后国王终于有了一个儿子。这四位苦行僧的故事主要都是关于伦理、爱情、品德等。该文献每个故事当中都有些诗歌夹写。该文献于1981年12月由喀什维吾尔出版社出版。

国家图书馆藏，编号：Cha第25件

普本

注：保存完整

5.《先知传》

Qiṣäṣul Änbiyā'-i Türki

《圣人传》《拉布胡兹故事集》《拉伯胡兹故事集》《拉勃胡兹故事集》

纳斯尔丁·拉布胡兹（Nāṣiriddīn Rabġūzī）著

石印本.--塔什干：出版者不详，民国年间（1915—1916年，回历1334年）。

1册；26.2cm×16.5cm（开本）

传记类文献，精装，封面硬纸加布，384页.--纸张面积26cm×16.5cm，有字面积约23cm×13.6cm，每页25行，四周双边框。

《先知传》是由拉布胡兹1309—1310年所著，是哈卡尼亚文学向察合台文学过渡中的桥梁作品，是察合台文古籍的经典。此文献共有72个故事，塑造了千余人物，主要讲述世界和人类世界的产生，在此过程中哈比力和卡比力（亚当和夏娃的两个儿子）、伊德里斯、易卜拉欣、穆罕默德等人物的故事。此文献不仅在语言学、史学、哲学、民俗学等方面具有学术价值，还以其结构的完整、形象思维及艺术想象力的丰富、内容的多层次性及深刻的内涵等特点，极具文学色彩。

国家图书馆藏，编号：Cha第26件

普本

注：保存完整，此文献章每个章节或故事名称用大号字体书写，287页左下角有枚印迹

6.《亚历山大帝的故事》

Qiṣṣä-i Iskändär Zulqärnäyn

《伊斯坎德尔·祖勒克尔那伊音的故事》

佚名著

手抄本.-- 抄写地不详：毛拉·塔西德·拜斯尔（Mollā Täšyīd Bäṣīr）抄本，清。

1册；26.2cm × 15.3cm（开本）

传记类、宗教类文献，精装，封面硬纸，154页，正文桑皮纸.-- 纸张面积25.8cm × 15.3cm，有字面积约19.1cm × 10cm，每页15行。

此文献主要分为两个部分，第一部分主要讲述了亚历山大的故事，包括一些经历的战争；第二部分介绍了“四部天书”的颁降，包括讨拉特降示给摩西；福音书降示给耶稣；宰逋尔降示给达伍德；古兰经降示给穆罕默德。

国家图书馆藏，编号：Cha第28件

珍本

注：保存较完整

7.《都瓦手册》（拟题）

《祈祷书》

佚名著

手抄本 .-- 抄写地不详：毛拉伊克穆阿洪·毛拉如孜阿洪（Mollā Ḥäkīm Āẖūnd Mollā Rozī Āẖūnd）抄本，清。

1册；18cm × 11.2cm（开本）

天文历法类文献，精装，封面纸加布，121页，正文桑皮纸 .-- 纸张面积18.2cm × 11.2cm，有字面积约15cm × 9cm，每页8～12行。

此文献主要讲述了各种都瓦（经文）和它的功效，比如头疼、耳朵疼、眼睛、胳膊等疼痛分别念什么经文。以及为了辟邪、避灾等要念的经文等内容。

国家图书馆藏，编号：Cha第30件

珍本

注：保存较完整，有部分阿拉伯文内容

8.《往事集》

Mā-qibäl Nāmä

佚名著

手抄本 .-- 抄写地不详：抄写者不详，清道光年间（1843—1844年，回历1260年）。

1册；21.4cm × 14.2cm（开本）

传记类文献，精装，封面皮加纸，92页，正文桑皮纸 .-- 纸张面积21.4cm × 14cm，有字面积约16.8cm × 9.1cm，每页11～12行。

此文献主要记述了穆罕默德临终前发生的事情，诸如众弟子看望他，与他们进行的谈话，穆罕默德的遗言，众弟子的悲痛，及穆罕默德的去世等；此外，记述了穆罕默德女儿法蒂玛对于丈夫阿里及儿子艾山和玉赛因去世的悲伤，含法蒂玛的两首诗。

国家图书馆藏，编号：Cha第31件

珍本

注：保存较完整，修复过，此文献有部分阿拉伯文字内容，字体工整

9.《埃米尔阿巴穆斯林木的故事》

Qiṣṣä-i Ḥäżräti Ämīr Äbāmuslīm Pähläwān

《阿坝穆斯里木的故事》

毛拉·穆罕默德·尼亚孜（Mollā Muḥämmäd Niyāz）著

手抄本 .-- 抄写地不详：抄写者不详，清。

1册；31.1cm × 20.5cm（开本）

传记类文学，精装，封面硬质，300页，正文桑皮纸.-- 纸张面积30.7cm × 19.3cm，有字面积约24.5cm × 15.5cm，每页19行。

此主要记述了埃米尔为传播伊斯兰教，在阿拉伯国家、中东、中亚地区进行一系列的战争，包括其转战麦尔维、尼沙坡、凯尔巴拉、库法、巴格达等地。

国家图书馆藏，编号：Cha第34件

珍本

注：保存较完整，经过修复后得到保护，但部分字迹被修复的纸张盖住了。每个故事的名称用红色字体书写

10.《穆圣传》

Sīr-i Šärīf Türkiy

《穆罕默德传》

麦吾拉纳·穆恩丁（Mävlānā Muvā'iddīn）著

手抄本 .-- 喀什：伊玛目·毛拉·穆罕默德（Imām Mollā Muḥämmäd）抄本，清嘉庆年间（1798—1799年，回历1213年）。

1册；28.9cm × 19.2cm（开本）

传记类文献，精装，封面硬质，388页，正文桑皮纸 .-- 纸张面积27.9cm × 18.4cm，有字面积约22.8cm × 13.3cm，每页18 ~ 19行。

内容提要参见第48页。

国家图书馆藏，编号：Cha第36件

善本

注：保存完整，字迹清楚，修复过，最后5页为不同收藏者所留的字迹（即年代、姓名、地点等）

11.《博格拉汗传》

Täẕkirä-i Buġrāḫān

《苏丹布格拉汗传》

佚名著

手抄本 .-- 抄写地不详：抄写者不详，清。

1册；20.2cm × 12.4cm（开本）

传记类文献，精装，封面硬纸，278页，正文桑皮纸 .-- 纸张面积19.4cm × 11cm，有字面积约15.6cm × 7.5cm，每页11 ~ 14行。

此主要记述了伊斯兰教渗入喀拉汗王朝的过程，苏图克·博格拉汗

（？—955/956）为喀喇汗王朝的汗王，也是第一位接受伊斯兰教并定其为国教的国王。该文献现存九章，主要介绍了其如何一步步走向王位，宣布伊斯兰教为合法宗教。

国家图书馆藏，编号：Cha第40件

珍本

注：保存较完整，修复过，每章标题或小标题以红色字迹写出

12.《热夏德传》

Täẕkirätul Rišād

《光荣之正道传》

麦吾拉纳·穆罕默德·铁木尔·喀拉喀什（Mävlānā Muḥämmäd Tōmūr Qaraqaši）著

手抄本 .-- 抄写地不详：抄写者不详，清。

1册；21.3cm × 13.4cm（开本）

传记类文献，精装，封面硬纸，170页，正文桑皮纸 .-- 纸张面积 20.4cm × 12.8cm，有字面积约13cm × 7.6cm，每页11行。

此文献是关于麦吾拉纳·贾玛里丁与图格鲁克·铁木尔汗及其家族的书。主要记述了塔克拉玛干的一座城市被沙漠淹没时，麦吾拉纳·贾玛里丁带领幸存的百姓来到阿依库勒定居。在那里与图格鲁克·铁木尔汗相遇，并劝说他皈依伊斯兰教的故事。

国家图书馆藏，编号：Cha第41件

珍本

注：保存较完整，修复过

13.《宰尔库姆之书：阿里的战争故事》

Kitāb-i Zärqūm Cängnāmä-i Ḫäżräti ʿÄlī

《宰尔库姆之书：艾力的战争故事》《阿里的战争故事》

佚名著

石印本.-- 塔什干：出版者不详，清光绪年间（1906—1907年，回历1324年）。

1册；23cm × 13.3cm（开本）

文学类文献，精装，封面硬纸，84页，纸张面积22.4cm × 12.8cm，有字面积约19.5cm × 9.8cm，每页16行，四周有边框。

此文献主要记述了穆罕默德征服桑给巴尔城，推行伊斯兰教，后来国王宰尔库姆皈依伊斯兰教的故事。文献还记述了另一场阿里的战斗，最终阿里取得胜利。

国家图书馆藏，编号：Cha第42件

普本

注：保存完整，修复过

14.《占卜书》

Pālnāmä

佚名著

手抄本.-- 抄写地不详：抄写者不详，清。

1册；19.4cm × 11.2cm（开本）

天文历法类文献，精装，封面硬纸，139页，正文桑皮纸.-- 纸张面积18.9cm × 10.6cm，有字面积约15.4cm × 7.5cm，每页11行。

此文献主要讲述一些历法、星象等，以及如何占卜，择月择日择时辰办事等内容。

国家图书馆藏，编号：Cha第43件

珍本

注：保存较完整，修复过，章和节等关键词用红色笔写出

15.《宗教祈祷书》

Mänhāt-i Muslimīn

佚名著

手抄本 .-- 抄写地不详：抄写者不详，清。

1册；17.8cm × 11.5cm（开本）

宗教类文献，精装，封面硬纸，176页，正文桑皮纸 .-- 纸张面积17.2cm × 10.8cm，有字面积约16cm × 9.5cm，每页8～13行。

此文献以问答的形式讲述了伊斯兰教的教规和常识，必须遵守的宗教规范，礼拜的动作解析，洗小净的顺序及细节，四本“天书”及颁降者，四大天使，四任哈里发等。文献还讲述了阿里、伊玛目艾山、伊玛目玉赛因等人物的故事。

国家图书馆藏，编号：Cha第44件

珍本

注：保存较完整，修复过，52、53、55页以紫色字体书写

16.《伦理手册》（拟题）

佚名著

手抄本 .-- 抄写地不详：抄写者不详，清。

1册；22.8cm × 14.5cm（开本）

宗教类文献，精装，封面硬纸，82页，正文桑皮纸 .-- 纸张面积22.4cm × 14cm，有字面积约16cm × 9.5cm，每页8～13行。

此文献主要记述对伊斯兰教相关内容的解释，包含什么是伊斯兰教、穆罕默德得到启示、四任哈里发、伊斯兰教的天职、穆斯林美德等内容。书中有《古兰经》部分章节的抄写。

国家图书馆藏，编号：Cha第45件

珍本

注：保存较完整，修复过

二、国家博物馆图书馆察合台文古籍收藏目录

国家博物馆图书馆于2012年4月28日正式开馆，藏书丰富，多部古籍入选古籍名录。国家博物馆察合台文古籍从未进行过整理，馆藏察合台文古籍与阿拉伯文、波斯文古籍一同混放，经过甄别目前国博图书馆收藏有3件察合台文古籍。因是第一次整理，编号就按照整理顺序给定，三部古籍分别是1号《四重奏》，保存完整，进行过修复，版本价值和保存价值极高，堪称善本；2号《百科小册》，手抄本，保存较完整；3号《苏菲·安拉亚尔诗集》，手抄本，保存较完整。

1.《四重奏》

Čähār Dīvān

《意渊》《精义宝库》《四卷诗》《恰哈尔迪瓦尼》

艾里希尔·纳瓦依（ʻĀlīšīr Nävā'ī）著

手抄本 .-- 抄写地不详：抄写者不详，清。

1册；32.6cm × 21cm（开本）

文学类文献，精装，封面硬纸加皮，396页，正文桑皮纸 .-- 纸张面积32.4cm × 20.7cm，有字面积约20cm × 11.4cm，每页11行。

内容提要参见第20页。

国家博物馆藏，编号：001

善本

注：该文献完整，修复过，前67页有红色边框栏

2.《百科小册》(拟题)

佚名著

手抄本 .-- 抄写地不详：抄写者不详，清。

1册；17.3cm × 11cm（开本）

天文历法、医药类文献，精装，封面硬纸加皮，280页，正文桑皮纸 .-- 纸张面积17.3cm × 10.8cm，有字面积约11cm × 6.7cm ~ 15.2cm × 8.2cm不等，每页9 ~ 11行。

此文献为察合台文百科类文献，内容丰富，涉猎面广。主要内容有星象时辰表及其解释，皇历、占卜，艾布杰特算法，医药处方等内容。还有从《古兰经》中节选出来的一些篇幅不长的经文以及它们辟邪避灾、治病的功效。

国家博物馆藏，编号：002

珍本

注：保存较完整，有部分波斯文、阿拉伯文内容，有三枚印章

3.《苏菲·安拉亚尔诗集》

Ṣūfī Allahyār

苏菲·安拉亚尔（Ṣūfī Allahyār）著

手抄本 .-- 抄写地不详：抄写者不详，清。

1册；22.3cm × 16.5cm（开本）

文学类文献，精装，封面硬纸加皮，276页，正文桑皮纸 .-- 纸张面积26.2cm × 15.58cm，有字面积约21.4cm × 9cm，每页19行。

《苏菲·安拉亚尔诗集》为作者18世纪初撰写，为以麦斯乃维为体裁的诗歌集。文献主要讲解伊斯兰教的一些常识，还有作者对生命、义务、承诺、强迫、功利等方面的见解。

国家博物馆藏，编号：003

珍本

注：保存较完整，每个小标题用红色字迹写出，此文献与其他馆藏同名作品，内容不完全相同。

三、民族文化宫中国民族图书馆察合台文古籍收藏目录

民族文化宫中国民族图书馆是我国少数民族古籍的重要保护中心，1959年建成，以藏书丰富、独具民族特色而著称，图书馆收藏少数民族文字古籍近6万册，13个语种，可以说是我国少数民族古籍藏书较为齐全的图书馆之一。

在整理的过程中，中国民族图书馆的察合台文古籍藏书因为与波斯文、阿拉伯文古籍一同存放排架，因此在整理过程中虽然把察合台文古籍甄选出来逐册整理，但为不破坏原有馆藏的排架方式，仍沿用了馆藏收录号。

中国民族图书馆现存有察合台文古籍99件，102种，其中8号《伊玛目艾山和伊玛目玉赛因传》入选第二批古籍名录，2号《伊斯兰伦理百科》入选第五批古籍名录，除这两部入选古籍名录，馆藏的另有3部书与入选古籍名录的古籍版本价值相当，亦可称之为善本。另有21部手抄本，虽然版本价值也很高，但因为保存完整度不及以上五部书，或有版本信息不全，亦暂定为珍本。

1.《穆圣传》

Sīr-i Šärīf Türkiy

《穆罕默德传》

麦吾拉纳·穆恩丁（Mävlānā Muvā’iddīn）著，阿勒法孜江（Älfāẓīcan）译

石印本.--塔什干：出版发行者不详，清末、民国年间。

1册；37.8cm×25cm（开本）

传记类作品，精装，封面硬质加布加皮，415页.--纸张面积37cm×23.5cm，有字面积约31.5cm×18.5cm，每页25行，四周三边框。

此文献为《穆圣传》第一卷和第二卷的合订本，第一卷讲述了从人类被创造的时刻到穆罕默德及其他先知的故事。第二卷主要讲述了先知所要具备的条件，天使和先知的特征，从穆罕默德出生时起到十四岁左右时的故事。

中国民族图书馆藏，编号：001

普本

注：保存较完整，与本馆收藏编号244、247《穆圣传》有相似内容，印刷版本不同

2.《伊斯兰教伦理百科》（拟题）

佚名著

手抄本.--抄写地不详，斯玛依·本·阿不都热合曼（Ismā'īl Bin 'Abdulrāḥmān）抄本，清咸丰年间（1860—1861年，回历1277年）。

1册；32.8cm×27.5cm（开本）

宗教类作品，精装，封面木板加麻布，366页，正文桑皮纸.--纸张面积30.5cm×24.7cm，有字面积约23cm×16.5cm，每页17～18行。

内容提要参见第18页。

中国民族图书馆藏，编号：002

善本

注：保存完整，目录中每一章和每一页都用红色字迹写，各章节的题目用黑色书写，正文里的章节也是用红色字体来区分。此文献已入选国务院颁布的第五批《国家珍贵古籍名录》，编号为12206

3.《勇士艾哈麦德的事迹》第二卷

Pählävān Äḥmäd Zämči Däftär-i Ṡānī

佚名著，柯其克·阿巴米斯力·麦鲁孜（Kičik Ābāmuslīm Mäḥrūṣ）译

石印本.--出版地不详，出版者不详，清末、民国年间。

1册；34cm×20cm（开本）

传记类、翻译类作品，精装，封面硬纸加麻布，83页.--纸张面积32.5cm×20cm，有字面积约28.2cm×16.5cm，每页29行，四周双边框。

此文献为《勇士艾哈麦德的事迹》第二卷，留存部分讲述了艾哈迈德在战争中的勇敢和睿智。

中国民族图书馆藏，编号：003

普本

注：保存不完整，文中某些地方出现大号字体，是引入的诗体的标题。

4.《列王记——勇士鲁斯塔姆》

Šāhnāmä：Rustäm Pählävān

《列王传——勇士鲁斯塔姆》《列王书——勇士鲁斯塔姆》《王书——勇士鲁斯塔姆》《帝王书——勇士鲁斯塔姆》

吾布力哈斯木·菲尔多西（Ubūlqāsim Firdävsī）著

手抄本.--塔什干：毛拉哈穆西（Mollā Hāšim）抄本，清。

1册；36.8cm×24cm（开本）

传记类、翻译类作品，精装，封面硬纸加布，400页，正文桑皮纸.--纸张面积36.2cm×23cm，有字面积每页不等，每页19～26行。

内容提要参见第22页。

中国民族图书馆藏，编号：005

善本

注：正文保存完整，该文献第一页红色字体即书名

5.《说劝者之园》

Rävżätul Vāʿiẓīn

毛拉纳穆埃因阿訇（Mävlānā Mäʿn Āẖūnd）著，法孜（Äl-fāẓī）译

手抄本.--抄写地不详：抄写者不详，清。

1册；30cm × 21cm（开本）

传记类作品，精装，封面硬纸加麻布，440页，正文桑皮纸.-- 纸张面积28.5cm × 18cm，有字面积约22.7cm × 13cm，每页16行。

此文献主要通过穆萨传教、穆萨与真主的谈话等故事，讲述了穆萨的美德和高尚的人品。

中国民族图书馆藏，编号：006

珍本

注：保存较完整，第一页左上方写了书名，每一句之间红色符号“∴”隔开，书中部分章节标题用红色字体书写

6.《伊玛目艾山与伊玛目玉赛音传》

Täẕkirä-i Imām Ḥäsän Imām Ḥusäyīn

《伊玛目艾山与伊玛目玉赛音塔孜克日》《伊玛目艾山与伊玛目玉塞因传》《两个伊玛目传》

毛拉·穆罕默德·尼亚孜（Mollā Muḥämmäd Niyāz）著

手抄本.--喀什：图尔迪阿訇·本·萨迪克·霍加（Turdi Āẖūnd Bin Ṣādiq Hvācä）抄本，清。

1册；31.8cm × 21cm（开本）

传记类作品，精装，封面硬纸加皮，162页，正文桑皮纸.-- 纸张面积30.8cm × 19.5cm，有字面积约20.3cm × 13.5cm，每页6～16行。

内容提要参见第16页。

中国民族图书馆藏，编号：008

善本

注：保存完整，该文献已入选国务院颁布的第四批《国家珍贵古籍名

录》，编号为01403。文献的第一页顶部用红色字体写了一句赞美诗和书名。与该馆收藏的042号《伊玛目艾山与伊玛目玉赛音传》不是同一抄本

7.《天堂之钥匙与信仰之明灯》

Miftāḥil Cinān Miṣbāḥil Īmān

佚名著

石印本.-- 塔什干：波尔索夫印刷厂印，清末、民国年间。

1册；27cm × 17.7cm（开本）

翻译类、宗教类作品，精装，封面硬纸加麻布，186页.-- 纸张面积26.7cm × 16.5cm，有字面积约22.8cm × 13.5cm，每页13～23行，四周有边框。

此文献是一部有关于伊斯兰教礼仪道德和劝喻的书，讲述了伊斯兰教的基本教义、注意事项及行为规范等。

中国民族图书馆藏，编号：009

普本

注：与本馆编号010号、011号、129号《天堂之钥匙与信仰之明灯》印刷版本均不同，该馆另收藏有一部292号手抄本《天堂之钥匙与信仰之明灯》

8.《天堂之钥匙与信仰之明灯》

Miftāḥil Cinān Miṣbāḥil Īmān

佚名著

石印本.-- 出版地不详：出版者不详，清末、民国年间。

1册

翻译类、宗教类作品，封面佚失，146页.-- 纸张面积26.2cm × 17.6cm，有字面积约22cm × 12cm，每页13～23行，四周花边框。

内容提要参见上条。

中国民族图书馆藏，编号：010

普本

注：部分页面修复过，与《夏·麦西来甫诗集》是合订本，与本馆编号009号、011号、129号《天堂之钥匙与信仰之明灯》印刷版本均不同，该馆另收藏有一部292号手抄本《天堂之钥匙与信仰之明灯》

9.《夏·麦西来甫诗集》

Qiṣṣä-i Mäšräb

《夏·麦西热甫传》《麦西来甫传》《麦西来甫集》《夏·麦西来甫的故事》

佚名著

石印本.-- 出版地不详：出版者不详，清末、民国年间。

1册

翻译类、宗教类作品，封面佚失，18页.-- 纸张面积26.2cm × 17.6cm，有字面积约22cm × 12cm，每页21行，四周有边框。

此文献主要由格则勒形式的诗歌组成，仅存有18页，内容主要是有关爱情、真诚、守信和忠诚及揭露残酷统治等方面的诗歌。

中国民族图书馆藏，编号：010

普本

注：保存较完整，与《天堂之钥匙与信仰之明灯》是合订本，与该馆收藏编号035、100号，287号印刷版本不同

10.《天堂之钥匙与信仰之明灯》

Miftāḥil Cinān Miṣbāḥil Īmān

佚名著

石印本.-- 塔什干：出版者不详，清光绪年间（1906—1907年，回历1324年）。

1册；28cm × 20cm（开本）

翻译类、宗教类作品，精装，封面纱布加硬纸，214页.-- 纸张面积26.2cm × 16.7cm，有字面积约22.4cm × 13.3cm，每页21行，四周双边框。

内容提要参见第72页。

中国民族图书馆藏，编号：011

普本

注：与本馆编号009、010、129《天堂之钥匙与信仰之明灯》印刷版本均不同，该馆另收藏有一部292号手抄本《天堂之钥匙与信仰之明灯》

11.《麦吉尔巴提迪乐巴》

Mucärräbāt Der-pā-ī

《迪乐巴的处方》

封哈穆丁·阿合买德·迪乐巴（Fincāmiddīn Äḥmäd Der-pā）著，法提赫·阿勒穆力库勒吉依德（Fātiḫ Äl-Mulūkul Cayid）译

铅印本.-- 喀山：东布拉乌斯基印刷厂印，清光绪年间（1897—1898年，回历1315年）。

1册；26.2cm×17.2cm（开本）

翻译类、宗教类作品，精装，封面硬纸加皮，144页.--纸张面积26cm×17.3cm，有字面积约21.6cm×13cm，每页13～30行，四周三边框。

该文献主要讲述苏赖（即《古兰经》中的“章”）的使用技巧和注意事项，比如祛病时应该念什么经文、祈求时应该念什么经文、祭祀时应该念什么经文的一部作品。

中国民族图书馆藏，编号：020

普本

注：保存较完整

12.《伊布拉音·艾德哈木的故事》

Qiṣṣä-i Ibrāhīm Ädhäm

佚名著

石印本.--塔什干：出版者不详，清末、民国年间。

1册；27cm×17.5cm（开本）

文学类、传记类作品，精装，封面硬纸加布，128页.--纸张面积26.6cm×17.3cm，有字面积约22.9cm×12.5cm，每页10～17行，四周三边框。

此文献以散文体和诗歌体形式书写，讲述了主人公伊布拉音从出生到去世的故事。文献后面包含16篇诗歌，其中有五行诗（穆哈麦斯）、两行诗（麦斯乃维）等。

中国民族图书馆藏，编号：025

普本

注：保存较完整

13.《先知传》

Qiṣäṣul Änbiyā'-i Türki

《圣人传》《拉布胡兹故事集》《拉伯胡兹故事集》《拉勃胡兹故事集》

纳斯鲁丁·拉布胡兹（Nāṣiriddīn Rabġūzī）著

石印本.-- 喀山：出版者不详，清末、民国年间。

1册；27cm×17.5cm（开本）

文学类作品，平装，封面软纸，418页.--纸张面积26.6cm×17.3cm，有字面积约22cm×13.8cm，每页29行，四周双边框。

此文献主要讲述世界和人类世界的产生，在此过程中一些人物的故事。后附迁徙（即公元622年穆罕默德领导早期穆斯林由麦加迁徙到麦地那）之后第三年、第四年、第五年、第六年、第八年发生的事情。

中国民族图书馆藏，编号：026

普本

注：保存较完整，与该馆编号291《先知传》为不同印本

14.《迪宛夏米斯》

Dīvān-i Šäms Ṭäbrizī

《夏米斯诗集》

佚名著

手抄本.-- 抄写地不详，抄写者不详，清。

1册；26.4cm × 17cm（开本）

文学类、宗教类作品，精装，封面木板加布，102页，正文桑皮纸.-- 纸张面积26cm × 16cm，有字面积约20cm × 20.5cm，每页11～14行。

此文献是以格则勒诗歌体写成，主要讲述了伊斯兰教的教义，穆斯林要具备和保持美德，让心灵保持纯洁等内容。

中国民族图书馆藏，编号：029

普本

注：页边有磨损

15.《警言集》

Dīvān-i Ḥikmät

和卓 · 艾哈迈德 · 耶赛维（Hvācä Äḥmäd Yässävī）著

石印本.-- 出版地不详，出版者不详，清末、民国年间。

1册；26cm × 17.5cm（开本）

宗教类作品，精装，封面皮加硬纸加麻布，65页.-- 纸张面积25.5cm × 16.7cm，有字面积约22cm × 13.3cm，每页14～21行，四周有边框。

《警言集》以诗歌形式撰写，诗体多样，别具风格。此文献表达了对下层劳动人民的爱，对伪善、两面派和宗教败类进行鞭挞，对祖国家乡的热爱之情以及劝人向善，要有好的品质的劝导。

中国民族图书馆藏，编号：030

普本

注：该馆另存编号089号、095号、294号三部手抄本《警言集》

16.《英雄赛伊德》

Säyid Bäṭṭāl Ġāzī

《战书》

佚名著

石印本.-- 塔什干：出版者不详，民国年间（1912—1913年，回历1331年）。

1册；27cm × 17.5cm（开本）

文学类作品，精装，封面硬纸加布，246页.-- 纸张面积26.5cm × 16cm，有字面积约21.7cm × 16cm，每页23行，四周有边框。

赛伊德，原名艾卜·穆罕默德，以其英雄事迹而闻名于世。该文献讲述了赛伊德在一系列战争中的英勇故事。

中国民族图书馆藏，编号：032

普本

注：保存较完整

17.《夏·麦西来甫诗集》

Qiṣṣä–i Mäšräb

《夏·麦西热甫传》《麦西来甫传》《麦西来甫集》《夏·麦西来甫的故事》

佚名著

石印本.-- 塔什干：出版者不详，清末、民国年间。

1册；25.7cm × 15.8cm（开本）

传记类作品，精装，封面麻布加硬纸，152页.-- 纸张面积25.8cm × 14.5cm，有字面积约21.5cm × 11.5cm，每页21行，四周有边框。

该文献由诗歌组成，是关于麦西来甫生平事迹的书，主要记述了他出生、求学，后来走遍天山南北，目睹了劳动人民由于无知遭受苦难。由于他歌颂自由、爱情、诚实、守信和忠诚，揭露了社会上的愚昧和统治者的残酷统治。

中国民族图书馆藏，编号：035

普本

注：保存较完整，与该馆收藏编号100号，287号版本不同

18.《弱者的意志》

Ṡäbātul ʿĀcizīn

佚名著

手抄本.--抄写地不详，抄写者不详，清道光年间（1823—1824年，回历1239年）。

1册；23.3cm×14cm（开本）

宗教类文献，精装，封面纸加麻布，186页，正文桑皮纸.-- 纸张面积23.5cm×15.2cm，有字面积约15.5cm×10cm，每页9～10行。

此文献以麦斯乃维诗歌体书写，主要记述伊斯兰教宗教知识，主张要爱戴真主，不做坑人的事情，行善积德，要感谢真主的恩典，不贪图钱财，不自私自利，要学习知识和手艺，在经堂教育中要教育子女诚实和勤勉。

中国民族图书馆藏，编号：038

珍本

注：保存较完整，分两栏书写，与本馆收藏编号086号、088号，内容有相似，但不是同一个抄本

19.《伊玛目艾山与伊玛目玉赛音传》

Täẕkirä-i Imām Ḥäsän Vä Imām Ḥusäyīn

《伊玛目艾山与伊玛目玉塞因传》《两个伊玛目传》

毛拉·穆罕默德·尼亚孜（Mollā Muḥämmäd Niyāz）著

手抄本.--抄写地不详：抄写者不详，清。

1册；24.8cm×17.5cm（开本）

传记类作品，精装，封面硬纸加布，24页，正文桑皮纸.-- 纸张面积24.5cm×17cm，有字面积约18.5cm×10.6cm，每页13～15行。

文献主要讲述了艾山（624—670）和玉赛音（625—680）的成长经历，教授人民知识、宣传伊斯兰教、参加战争等故事。

中国民族图书馆藏，编号：042

普本

注：缺失较多，第一页顶部用红色写了一句赞词和书名，之后的每一个红色字迹都表示“由谁讲述的故事”之意。与该馆编号008号《伊玛目艾山与伊玛目玉赛音传》为不同抄本，该馆同时收藏有编号为042号《伊玛目艾山与伊玛目玉赛音传》

20.《穷苦人之友》

Mu'nisul Fuqārā'

佚名著

手抄本.--抄写地不详：抄写者不详，清。

1册；21.3cm × 15.2cm（开本）

宗教类作品，精装，封面硬纸加皮加麻布，241页，正文桑皮纸.-- 纸张面积21.4cm × 14.3cm，有字面积约17.8cm × 9cm，每页11 ~ 14行。

内容提要参见前第25页。

中国民族图书馆藏，编号：047

善本

注：保存完整

21.《道德书》（拟题）

佚名著

手抄本.--抄写地不详：抄写者不详，抄写时间不详。

1册；21cm × 11.8cm（开本）

宗教类作品，精装，封面硬纸加麻布，276页，正文桑皮纸.-- 纸张面积21.3cm × 12cm，有字面积约17cm × 9cm，每页13行。

此文献主要讲述了伊斯兰教教义，伊斯兰美德及穆斯林的注意事项、礼拜规定等。

中国民族图书馆藏，编号：048

普本

注：保存较完整

22.《纳瓦依诗歌节选》

Dīvān-i ʿÄlīšīr Nävā'ī

艾里希尔·纳瓦依（ʿÄlīšīr Nävā'ī）著

石印本.--塔什干：出版者不详，清光绪年间（1901—1902年，回历1319年）。

1册；22.8cm×13.4cm（开本）

文学类作品，精装，封面硬纸加麻布，150页.--纸张面积22.7cm×13.7cm，有字面积19.7cm×10.9cm，四周双边框。

该文献诗集是诗歌节选，是后人从纳瓦依的《四重奏》中选出一百多首格则勒、柔巴依等体裁的诗歌，再进行汇编的诗集。对于研究纳瓦依作品，察合台文文学有参考价值。

中国民族图书馆藏，编号：049

普本

注：此文献与编号231《纳瓦依诗歌节选》内容基本一样，印刷版本相同

23.《艾里希尔·纳瓦依诗集》

ʿÄmir Nävā'ī

艾里希尔·纳瓦依（ʿÄlīšīr Nävā'ī）著

石印本.--塔什干：乌拉米亚印刷厂，清末、民国年间。

1册；22.8cm×13.4cm（开本）

文学类作品，精装，封面硬纸，74页.--纸张面积22.7cm×13.7cm，有字面积约18.3cm×9.6cm，每页16行，四周有边框。

此文献是诗歌节选，是后人从纳瓦依的《四重奏》中选出的格则勒形式的诗集，主要以爱情、情义、信义为主题。此文献对于研究纳瓦依作品，察合台文文学有参考价值。

中国民族图书馆藏，编号：050

普本

注：现存部分页面保存较好，字迹清晰。该馆另收藏有编号061号、073号、085号、201号、218号、226号、228号、241号、267号、274号、304号《艾里希尔·纳瓦依诗集》

24.《巴亚孜》

Bäyāz

佚名编

石印本.--塔什干：出版者不详，清末、民国年间。

1册；21.7cm×13.2cm（开本）

文学类作品，精装，封面硬纸，150页.--纸张面积21cm×13.5cm，有字面积约13.2cm×6.8cm，每页8行，四周花边框。

此文献为诗歌集，诗体形式多样，有格则勒、麦斯乃维、柔巴依、木拉拜、土尤克、木哈迈斯、法尔德等。此文献汇集了阿塔依、纳瓦依、傅祖里、泰杰里、福尔开提、穆克米等诗人的诗歌，内容丰富，以爱情诗为主。

中国民族图书馆藏，编号：053

普本

注：文献使用纸张由白、粉、黄、绿四种颜色组成，分两栏书写，含穆克米等诗人的部分波斯文诗歌。

25.《书法教科书》

Tä'līm Rīnäsi

穆罕默德·阿孜姆·伊本肉孜·穆罕默德·塔什干迪（Muḥämmäd Ḥäẓm Ibin Rozī Taškändi）著

石印本.--塔什干：乌拉米亚印刷厂，民国元年（1912）。

1册；22.6cm×15.4cm（开本）

书法类作品，平装，软纸加麻布，24页.--纸张面积23.6cm×14cm，有字面积约18.3cm×10.4cm，每页13～17行，四周花边框。

此文献从如何削笔、如何拿笔的重要性谈起，单独解释了每一个字母，用简单明了的文字表达了突厥文字美丽的一面，如何才能将其写漂亮。此文献是针对经学院二、三、四年级的学生而作，作者在前面部分提到了学生要抄写字体必须漂亮，因此才拟写了这本手册。

中国民族图书馆藏，编号：055

普本

注：保存不完整

26.《胡外达·齐姆亚尼诗集》

Huväydā Čimyānī

霍加·奈再尔·哈依卜奈再尔·胡外达·齐姆亚尼（Ḫvācä Näẓär Ġāyip Näẓär Huväydā Čimyānī）著

石印本.--塔什干：出版者不详，民国年间（1913—1914年，回历1334年）。

1册；23.3cm × 13.7cm（开本）

文学类作品，精装，封面硬纸加布，95页.--纸张面积22.6cm × 13.3cm，有字面积约18cm × 10cm，每页9～16行，四周有边框。

此文献是胡外达·齐姆亚尼的诗歌节选，诗体是格则勒，内容以抒情诗歌为主，主要记述了神灵之爱和现实之爱的劝谕性教育类诗歌作品，告诫人们要诚恳、廉洁、具有道德。

中国民族图书馆藏，编号：059

普本

注：保存完整。该馆另收藏的298号《胡外达·齐姆亚尼诗集》石印本，不同印本

27.《艾里希尔·纳瓦依诗集》

ʻÄmir Nävā'ī

艾里希尔·纳瓦依（ʻÄlīšīr Nävā'ī）著

石印本.--塔什干：乌拉米亚印刷厂，清光绪年间（1902—1903年，

回历1320年）。

1册；23.7cm × 14cm（开本）

文学类作品，精装，封面硬纸加麻布，120页.--纸张面积23cm × 13.7cm，有字面积约18cm × 10cm，每页12 — 17行，四周有边框。

此文献节选自由纳瓦依诗歌组成，主要诗体有格则勒、柔巴依等。大部分内容选自《四重奏》，以抒情诗为主，所选内容包括了爱情、情义、信仰等。对研究纳瓦依作品和察合台文文学具有参考价值。

中国民族图书馆藏，编号：061

普本

注：保存完整，诗集的硬纸封面刻有精美图案，该馆另收藏编号为050号、073号、085号、201号、218号、226号、228号、241号、267号、274号、304号《艾里希尔·纳瓦依诗集》，印刷版本不同

28.《卡热诗集》

Ḥikmäti Šärīf Vä Dīvān-i Qārī

麦合穆德·卡热（Muḥämmäd Qārī）著

手抄本.--抄写地不详：麦合穆德·卡热（Muḥämmäd Qārī）抄本，抄写时间不详。

1册

文学类、宗教类作品，封面佚失，32页，正文桑皮纸.-- 纸张面积20cm × 12.8cm，有字面积约16.7cm × 10.3cm，每页11行。

此文献为作者节选自《警言集》和《警言诠释》的内容及部分卡热的诗作而组成的一部诗集。主要讲述伊斯兰教苏菲派的神秘主义观念，以诗歌为主要载体，赞颂真主，远离世俗。

中国民族图书馆藏，编号：063

普本

注：页面有磨损

29.《宗教常识》(拟题)

佚名著

手抄本 .-- 抄写地不详：抄写者不详，抄写时间不详。

1册；20cm×14cm（开本）

宗教类作品，平装，封面软纸，70页，正文桑皮纸.-- 纸张面积20cm×13cm，有字面积约14.7cm×7.5cm，每页12行。

此文献为穆斯林宗教常识类作品，主要讲述了穆斯林去世以后要进行的洗礼的详细步骤，按年龄、分男女，洗礼时的具体事项以及该念的经文等内容。

中国民族图书馆藏，编号：064

普本

注：缺失较多，抄写整齐，笔迹工整

30.《信仰的解析》

Šärīʿätul Īymānning Rīsāläsi

佚名著

石印本 .-- 出版地不详，出版者不详，清末、民国年间。

1册；19.5cm×13.8cm（开本）

宗教类文献，平装，封面软纸，32页 .-- 纸张面积19.3cm×13.8cm，有字面积约14cm×10.4cm，每页12～13行，四周单边框。

此文献主要分三个部分，第一部分给出了艾布杰特对照表；第二部分是日常生活中礼拜时用到的最基本的《古兰经》经文；第三部分是穆斯林基本知识问答。

中国民族图书馆藏，编号：065

普本

注：保存完整

31.《驱病手册》

Risālä-i Köčkil

佚名著

手抄本.--抄写地不详，抄写者不详，清。

1册

天文历法类文献，封面佚失，60页，正文桑皮纸.-- 纸张面积18.8cm×12.3cm，有字面积约15cm×8.5cm，每页13行。

此文献主要讲述了民间流传下来的，用迷信及宗教手段祛除病魔的方法和驱病时要念的经文，对研究民间文化和信仰具有参考性。

中国民族图书馆藏，编号：066

普本

注：保存不太完整

32.《〈古兰经〉节选》

Ävrād-i Šärīf

佚名著

石印本.--出版地不详：出版者不详，清末、民国年间。

1册

宗教类文献，封面佚失，62页.--纸张面积16.9cm×11.8cm，有字面积约16.2cm×8.3cm，每页8～10行，四周双边框。

此文献是用察合台文解释《古兰经》部分经文的文献,《古兰经》的经文由阿拉伯文书写，用察合台文进行解释，大号字体是阿拉伯文，小号字体是察合台文。

中国民族图书馆藏，编号：067

普本

注：部分页面修复过

33.《美之书》

Rīsālä-i Märġūb

佚名著

石印本 .-- 塔什干：出版者不详，清宣统年间（1909 — 1910年，回历1327年）。

1册；22.7cm × 13.5cm（开本）

宗教类文献，精装，封面硬纸加布，216页 .-- 纸张面积22cm × 13cm，有字面积约17.9cm × 10cm，每页18行，四周有边框。

此文献主要内容是伊斯兰伦理，以问答的形式讲述了伊斯兰教基础知识和教义，先给出一句或一小段经文，后用察合台文进行注释和解析。

中国民族图书馆藏，编号：069

普本

注：保存较完整，文献最后附加表格是俄罗斯的放假日期

34.《古丽仙》

Šärḥ-i Gulšän

《花坛》

毛拉 · 米尔扎 · 阿合买德 · 本 · 米尔扎 · 克里木（Mollā Mirza Äḥmäd Bin Mirza Kärīm）著

石印本 .-- 塔什干：出版者不详，民国年间（1915 — 1916年，伊历1334年）。

1册；22.7cm × 13.8cm（开本）

宗教类文献，精装，封面软纸加麻布，92页 .-- 纸张面积23cm × 13.5cm，有字面积约18.2cm × 10cm，每页19行，四周有边框。

此文献属于宗教教育类作品，主要是讲求知的重要性，让人们远离黑暗、提高学识、将所学到的真知应用到实际生活中，提升智慧，更好的理解真主。劝勉人们弃恶行善，培养良好道德倡导慈善和友爱，不说别人坏话，说话要优美，丑事不外扬，不说谎，不失重托，不侮辱别人，父母的责任，

酗酒的危害等。

中国民族图书馆藏，编号：071

普本

注：保存较完整

35.《聪慧的公主》

Mälikä-yi Dānišmänd

佚名著

石印本.--塔什干：出版者不详，清光绪年间（1905—1906年，回历1323年）。

1册；24.5cm×14cm（开本）

宗教类文献，精装，封面硬纸加布，120页.--纸张面积22.4cm×13cm，有字面积约19.9cm×10cm，每页16行，四周双边框。

此文献主要是关于伊斯兰教教义的解答，通过公主和他人一问一答的谈话方式，讲述了应该远离罪恶、多做善事等内容。

中国民族图书馆藏，编号：072

普本

注：保存较完整，纸张有三个颜色

36.《艾里希尔·纳瓦依诗集》

ʻÄmir Nävā'ī

艾里希尔·纳瓦依（ʻÄlīšīr Nävā'ī）著

石印本.--塔什干：乌拉米亚印刷厂，清光绪二十八年（1902）。

1册；23.7cm ×14cm（开本）

文学类作品，精装，封面硬纸加麻布，116页.--纸张面积23cm×13.7cm，有字面积约18cm×10cm，每页12–17行，四周有边框。

此文献节自纳瓦依诗歌组成，主要诗体有格则勒、柔巴依等。大多内容选自《四重奏》，以抒情诗为主。

中国民族图书馆藏，编号：073

普本

注：保存完整，该馆另收藏编号050号、061号、085号、201号、218号、226号、228号、241号、267号、274号、304号《艾里希尔·纳瓦依诗集》印刷版本不同

37.《苏菲·安拉亚尔诗集》

Ṣūfī Allahyār

苏菲·安拉亚尔（Ṣūfī Allahyār）著

石印本.--塔什干：出版者不详，清末、民国年间。

1册；20.8cm × 13.7cm（开本）

文学类文献，精装，封面硬纸加布，96页.--纸张面积20.7cm × 13.5cm，有字面积约18.3cm × 9.2cm，每页19行，四周三边框。

此文献以麦斯乃维为体裁的诗歌集，主要内容包括伊斯兰教的一些常识。

中国民族图书馆藏，编号：075

普本

注：保存较完整，与该馆编号210、234、301《苏菲·安拉亚尔诗集》内容基本一样，印刷版本均不同

38.《夏·麦西来甫和阿法克·和卓的传说》

Qiṣṣä-i Šāh Mäšräp Vä Äfāq Hvācä

佚名著

手抄本.--抄写地不详，抄写者不详，清。

1册；21.5cm × 15cm（开本）

传记类文献，精装，封面硬纸加皮，265页，正文桑皮纸.-- 纸张面积19.6cm × 13cm，有字面积约15.5cm × 8.5cm，每页12 ~ 13行。

此文献主要讲述夏·麦西来甫5岁时与毛拉进行的对话问答，后来麦西

来甫慕名拜访阿法克·和卓，并充当他的仆从，到最后麦西来甫认清阿法克·和卓的本来面目，离他而去的故事，简要讲述了诗人的一生。

中国民族图书馆藏，编号：077

珍本

注：保存较完整

39.《优素福与祖莱哈》

Yūsuf Zuläyẖā-i Türki

佚名著

石印本 .--塔什干：出版者不详，清光绪年间（1905 — 1906年，回历1324年）。

1册；22.5cm × 13.5cm（开本）

文学类文献，平装，封面软纸，136页 .--纸张面积22.4cm × 13cm，有字面积约17.4cm × 9.8cm，每页15行，四周有边框。

此文献讲述了一段爱情故事，记述了先知亚各伯之子优素福和祖莱哈之间的爱情经历。记述作者对人性之爱、忠诚、善与美的看法，提倡真诚、正义、乐观，也阐述了作者炽热的爱国之情。

中国民族图书馆藏，编号：078

普本

注：保存完整，因为写过该题材的人数较多，文献中也未提及，不能确定著者

40.《圣经——马可福音》

Incīl-i Märqus

佚名著

石印本 .--喀什：瑞典传教团印刷室印[①]，民国九年（1920）。

① 虽然文献未提及，因当时印刷《圣经》的只有瑞典传教团印刷室，故推测为此印刷室。

1册；21cm × 14.3cm（开本）

宗教类文献，平装，封面软纸，77页.-- 纸张面积21cm × 14.3cm，有字面积约15cm × 10cm，每页15行。

此文献是《圣经》节选，内容为《马可福音》,《马可福音》是《圣经》新约的一卷书。该文献记载了耶稣的生平，包括耶稣听到天上传来的声音，在大漠里经受40天考验，受审、受死和复活等故事。

中国民族图书馆藏，编号：079

普本

注：保存完整，内含一幅地图

41.《胡瓦苏勒·艾则木传》

Mänāqib Ġävsul ʿÄ'ẓäm Yāfiyāẓ

《艾维斯勒·艾再木传记》

佚名著

手抄本.--抄写地不详，穆罕默德·萨迪克（Muḥämmäd Ṣādiq）抄本，清。

1册；20.7cm × 13.8cm（开本）

传记类文献，精装，封面硬纸加皮，344页，正文桑皮纸.-- 纸张面积19.9cm × 11.9cm，有字面积约14.4cm × 7.6cm，每页11行。

此文献主要讲述了胡瓦苏勒·艾则木的生平，表现了主人公的正直、英勇的品质。

中国民族图书馆藏，编号：081

珍本

注：保存完整，但后30页有腐蚀，文中章数用红色字体写出

42.《伊玛目·艾则木传》

Täẕkirä-i Imām Ä'ẓäm

佚名著

手抄本.--抄写地不详：伊本·毛拉莫民（Ibin Mollā Mu'min）抄本，清。

1册，20cm × 13.4cm（开本）

传记类文献，精装，封面硬纸加皮，56页，正面桑皮纸.-- 纸张面积 20cm × 11.6cm，有字面积约14.6cm × 8.3cm，每页11行。

此文献主要讲述了伊玛目·艾则木的出生，简述了他的生平，反映了艾则木到西域传教，传播甘于受苦，远离世俗的苏菲派思想，反对当时地区封建地方政府统治者追求宗教利益的倾向。

中国民族图书馆藏，编号：082

珍本

注：保存完整，此文献由收藏者与另一部文献《圣言》合订在一起

43.《圣言》

Kälām-i Šärīf

佚名著

手抄本.--抄写地不详：伊本·毛拉莫民（Ibin Mollā）抄本，清。

1册；20cm × 13.4cm（开本）

宗教类文献，精装，封面硬纸加皮，170页，正文桑皮纸.-- 纸张面积 20cm × 11.6cm，有字面积约14.6cm × 8.4m，每页11行。

此文献主要记述了伊斯兰教信徒日常生活中的细节规则，如洗小净、换大净的具体步骤及注意事项，礼拜的注意事项，婚事规则等宗教规定。

中国民族图书馆藏，编号：082

珍本

注：保存完整，此文献由收藏者与另一部文献《伊玛目·艾则木传》合订在一起

44.《诗集》（拟题）

佚名著

手抄本 .-- 抄写地不详：抄写者不详，清。

1册；20.7cm × 13cm（开本）

文学类文献，精装，正文硬纸加皮，136页；桑皮纸.-- 纸张面积18.5cm × 12cm，有字面积约15.2cm × 9.6cm，每页10行。

该文献以麦斯乃维诗体书写，以诗歌的形式讲述了穆斯林应该遵守的教义，如何做好礼拜，如何做到心要静和净等内容。

中国民族图书馆藏，编号：083

普本

注：诗歌分两栏书写

45.《艾里希尔·纳瓦依诗集》

ʿÄmir Nävā'ī

艾里希尔·纳瓦依（ʿĀlīšīr Nävā'ī）著

石印本 .-- 塔什干：出版者不详，清光绪年间（1905 — 1906年，回历1324年）。

1册；23cm × 13.5cm（开本）

文学类文献，精装，封面硬纸加布，96页.-- 纸张面积22cm × 13cm，有字面积约18.7cm × 10cm，每页16行，四周三边框。

该文献是后人从纳瓦依《四重奏》中选出的格则勒形式的诗集。

中国民族图书馆藏，编号：085

普本

注：保存完整，与该馆编号226号《艾里希尔·纳瓦依诗集》印刷版本相同；该馆另收藏编号050号、061号、085号、201号、218号、228号、241号、267号、274号、304号《艾里希尔·纳瓦依诗集》，印刷版本不同

46.《弱者的意志》

Ṡäbātul ʿĀcizīn

佚名著

手抄本.-- 抄写地不详：抄写者不详，清。

1册；20.3cm × 13.2cm（开本）

宗教类文献，精装，封面硬纸加皮，103页，正文桑皮纸.-- 纸张面积20.1cm × 12.5cm，有字面积约13.6cm × 8cm，每页11行，四周双边框。

此文献以诗歌体书写，主要记述应当经常惦念和歌颂真主，应具备友爱互助，诚恳和具有优良道德品质，要学习知识和手艺，要有关爱之心和宽宏大量的气度。在经堂教育中要教育子女诚实和勤勉，以及伊斯兰经学堂的学生应该具备的条件。

中国民族图书馆藏，编号：086

普本

注：与本馆收藏编号036号、088号，内容有相似，但不是同一个抄本

47.《医学手册》（拟题）

佚名著

手抄本.-- 抄写地不详：抄写者不详，清。

1册；18.2cm × 12.3cm（开本）

医药类文献，精装，封面麻布加皮加纸，258页，正文桑皮纸.-- 纸张面积19cm × 12cm，有字面积约14cm × 7.7cm，每页11行。

此文献是一部维吾尔医学作品，讲述了维吾尔医学中的四大不同的性质，它们是气之湿热、火之干热、水之湿寒、土之干寒。根据具体情况如何调整、用药，药物的处方、配制方法及步骤，饮食注意事项等医学知识。对研究新疆地区传统医学有参考价值。

中国民族图书馆藏，编号：087

珍本

注：保存较完整

48.《弱者的意志》

Ṡäbātul ʿĀcizīn

佚名著

手抄本.--抄写地不详：毛拉·萨伊提阿訇（Mollā Sä‘id Āẖūnd）抄本，清同治年间（1872—1873年，回历1288年）。

1册；19.1cm×12.5cm（开本）

宗教类文献，精装，封面硬纸加皮，163页，正文桑皮纸.-- 纸张面积18.7cm×12.1cm，有字面积约16cm×9.3cm，每页9～11行。

内容提要参见第78页。

中国民族图书馆藏，编号：088

珍本

注：保存较完整，与本馆收藏编号038号、086号，内容有相似，但不是同一个抄本

49.《警言集》

Dīvān-i Ḥikmät

和卓·艾哈迈德·耶赛维（Ḫvācä Äḥmäd Yässävī）著

手抄本.-- 抄写地不详，抄写者不详，清光绪年间（1881—1882年，回历1300年）。

1册；17.8cm×12.5cm（开本）

宗教类文献，平装，封面软纸，83页，正文桑皮纸.-- 纸张面积19cm×12.2cm，有字面积约16.8cm×8.3cm，每页9～11行。

《警言集》由和卓·艾哈迈德·耶赛维撰写，诗体多样，别具风格。此文献前10页是后人写的赞赏及推崇该书的评论，从11页开始是正文部分，作者的思想观点用简单朴素的诗歌形式展现了出来。

中国民族图书馆藏，编号：089

珍本

注：保存较完整，与该馆编号095号、294号不是同一个抄本，该馆另

有一部编号为030的石印本《警言集》

50.《哲理之光》

Änvärul Ḥikmät

佚名著

手抄本.--抄写地不详，抄写者不详，清嘉庆年间（1809—1810年，回历1225年）。

1册；18.3cm×10.3cm（开本）

宗教类文献，精装，封面硬纸加皮，92页，正文桑皮纸.-- 纸张面积19.2cm×11cm，有字面积约14.6cm×6.4cm，每页11行，四周单边框。

该文献主要讲述了要信仰真主，要多多行善、为人友善，交友的注意事项，心要端正等，还有穆斯林日常生活中的道德细节和注意事项。

中国民族图书馆藏，编号：090

珍本

注：保存较完整

51.《情诗》（拟题）

佚名著

手抄本.--抄写地不详，抄写者不详，清。

1册

文学类作品，封面佚失，46页，正文桑皮纸.-- 纸张面积17.5cm×12.7cm，有字面积约17cm×11cm，每页18～20行。

此文献的大部分内容是麦西来甫的情诗和几篇赞词，赞词作者不详。文献极有可能是抄写者将自己喜欢的诗歌抄写下来而成的小册子。

中国民族图书馆藏，编号：092

普本

注：页边有磨损

52.《圣训口袋书》(拟题)

佚名著

手抄本.--抄写地不详，抄写者不详，清。

1册；11.5cm×9.3cm（开本）

宗教类文献，平装，封面软纸加布，11页，正文桑皮纸.-- 纸张面积10.8cm×8.8cm，有字面积约7.2cm×5.5cm，每页15行，四周双边框。

此文献主要记录了一些《古兰经》的经文以及部分经文的注释等，是小开本的口袋书。

中国民族图书馆藏，编号：094

普本

注：小开本，口袋书

53.《警言集》

Ḥikmät-i Šärīf

和卓·艾哈迈德·耶赛维（Ḫvācä Äḥmäd Yässävī）著

手抄本.--抄写地不详：抄写者不详，清。

1册

宗教类文献，封面佚失，18页，正文桑皮纸.-- 纸张面积16.3cm×11.9cm，有字面积约14.8cm×10.5cm，每页10～11行。

《警言集》由和卓·艾哈迈德·耶赛维撰写，诗体多样，别具风格。此文献仅剩18页，主要描述了部分伊斯兰法规里的相关限制、要求和规定，劝人向善，要有好的品质。

中国民族图书馆藏，编号：095

普本

注：与该馆编号089号、294号《警言集》不是同一个抄本，该馆另有一部编号为030的石印本《警言集》

54.《送葬手经》（拟题）

佚名著

手抄本.--抄写地不详，出版者不详，清。

1册

宗教类文献，封面佚失，64页，正文桑皮纸.-- 纸张面积16.9cm×10.8cm，有字面积约12cm×18cm，每页7行。

该文献主要讲述了穆斯林去世后的一些仪式，包括洗尸的程序，包括下葬前如何洗尸，洗尸时注意的事项，洗尸时念的经文；如何送葬，送葬时该如何礼拜，念哪一段经文，如何做祷告等细节。

中国民族图书馆藏，编号：096

珍本

注：保存较完整，字迹整齐、清晰

55.《夏·麦西来甫诗集》

Qiṣṣä-i Šāh Mäšräp

《夏·麦西热甫传》《麦西来甫传》《麦西来甫集》《夏·麦西来甫的故事》

佚名著

手抄本.--抄写地不详：抄写者不详，清。

1册；17.2cm×10.9cm（开本）

传记类文献，平装，封面软纸，236页，正文桑皮纸.-- 纸张面积17.2cm×10.5cm，有字面积约15cm×7.7cm，每页12行。

此文献为后人所抄写，以散文和诗歌的形式表述，记述麦西来甫的生平和创作活动，主要内容是他小时候的一些故事，比如他小时候与母亲的对话，还有他后来跟随阿法克·和卓的成长经历。

中国民族图书馆藏，编号：100

珍本

注：保存较完整，与该馆收藏编号035号，287号版本不同

56.《神奇的赎罪词手册》

Risālä-i Äcāyibul ʿIstiġfār

佚名著

手抄本.--抄写地不详：抄写者不详，清光绪年间（1878—1879年，回历1296年）。

1册；12.7cm×9.7cm（开本）

宗教类文献，精装，封面硬纸加麻布，280页，正文桑皮纸.-- 纸张面积12.7cm×9.5cm，有字面积约12.7cm×9.7cm，每页8行。

此文献主要讲述了一些祷告词,《古兰经》中的某些章节，以及诵读规则，比如哪一段经文该怎么念、念多少次等内容。文献中《古兰经》原文是阿拉伯文，用察合台文注释。

中国民族图书馆藏，编号：102

珍本

注：保存较完整，文献含部分阿拉伯文内容

57.《手工业经》

Nūrnāmä

《光之书》

佚名著

石印本.--出版地不详，出版者不详，清宣统年间（1910—1911年，回历1328年）。

1册；13.3cm×8.7cm（开本）

手工技术类，精装，封面硬纸加麻布，151页.--纸张面积13cm×8.4cm，有字面积约11.3cm×6.5cm，每页15行，四周双边框。

此文献涉及诸多行业从业者，包括手工业者、农民、屠夫、理发师、铁匠、鞋匠等行业的人，应该如何遵守和保持行业道德以及各行业该念哪些经文等。此文献对于研究当时的各类行业有参考价值。

中国民族图书馆藏，编号：103

善本

注：保存较完整，后附有5张手抄内容

58.《铁匠书》

Risālä'-i Tömürčilik

佚名著

手抄本.--抄写地不详：抄写者不详，民国年间（1937—1938年，回历1356年）。

1册；13.5cm × 10.7cm（开本）

手工技术类文献，精装，封面硬纸加皮，90页，正文桑皮纸.-- 纸张面积14cm × 10.5cm，有字面积约12cm × 9cm，每页7～10行。

内容提要参见第27页。

中国民族图书馆藏，编号：104

善本

注：该文献保存完整，该古籍入选中华再造善本

59.《〈穆合塔萨尔维卡耶〉注释》

Šärḥ-i Muḫtäṣär Vä Fā'idä-i Türki

佚名著

石印本.-- 塔什干：出版者不详，清光绪年间（1906—1907年，回历1324年）。

1册，26cm × 18.5cm（开本）

宗教类文献，精装，封面硬纸，502页.--纸张面积25.6cm × 18.5cm，有字面积约20cm × 12.7cm，每页21行，四周有边框，页眉有章节数及页码。

文献主要讲述了伊斯兰教的一些伦理知识和规定，如行业道德、经商的功德、饮酒的罪行、屠宰动物的相关事宜；出轨的非法性、淫乱的严惩性、偷窃的非法性及所判的刑罚等宗教伦理知识。

中国民族图书馆藏，编号：114

普本

注：保存完整，含部分波斯文内容

60.《花苑之情》

Šävq-i Gulistān

《古丽斯坦》

谢赫·穆斯里丁·赛义德·设拉孜（Šäyẖ Sä'dī Šīrāzī）著，萨利赫·和卓伊山·吾甫鲁拉（Sāliḥ Hvācä Ihsān Ġäfūrullah）译

石印本.--塔什干：乌拉米亚印刷厂，清光绪年间（1908—1909年，回历1356年）。

1册；27cm×17.9cm（开本）

文学类文献，精装，封面硬纸，324页.--纸张面积26.3cm×17.1cm，有字面积约23.1cm×14.5cm，四周有边框。

该文献于1258年撰写，由前言、正文和结语组成。此文献主要讲述了做人做事要遵守的伦理道德、伊斯兰教教义规定等内容，作者将这些道理和规定等内容融入诗歌、故事、格言中进行了讲述。

中国民族图书馆藏，编号：117

普本

注：该文献保存较完整，文献含少量波斯文，第一页有印章两枚，插图67幅

61.《天堂之钥匙与信仰之明灯》

Miftāḥil Cinān Mişbāḥil Īmān

佚名著，斯热吉丁·麦合都米（Şirāčuddin Mäẖdum）译

石印本.--塔什干：出版者不详，民国年间（1915—1916年，回历1334年）。

1册

翻译类、宗教类文献，封面佚失，138页.--纸张面积26.3cm×18.3cm，有字面积约22.8cm×13.7cm，每页25行，四周有边框。

内容提要见第72页。

中国民族图书馆藏，编号：129

普本

注：保存完整，第一页有印章一枚，由米尔扎·艾合米丁·米尔扎·克热木（Mirzāāḥmäd Mirza Kärīm）赞助出版。与本馆编号009号、010号、011号的《天堂之钥匙与信仰之明灯》印刷版本均不同，该馆另收藏有一部292号手抄本《天堂之钥匙与信仰之明灯》

62.《艾里希尔·纳瓦依诗集》

ʿÄmir Nävā'ī

艾里希尔·纳瓦依（ʿĀlīšīr Nävā'ī）著

石印本.--塔什干：出版者不详，清光绪年间（1905—1906年，回历1323年）。

1册；23cm×13.5cm（开本）

文学类作品，精装，封面硬纸加布，144页.--纸张面积22cm×13cm，有字面积约18.7cm×10cm，每页12～17行，四周有边框。

此文献节自纳瓦依诗歌组成，主要诗体有格则勒、柔巴依等。大多内容选自《四重奏》。

中国民族图书馆藏，编号：201

普本

注：保存完整，文献有黄、粉两种颜色纸张，该馆另收藏编号050号、061号、073号、085号、218号、226号、228号、241号、267号、274号、304号《艾里希尔·纳瓦依诗集》，印刷版本不同

63.《伊玛目艾山与伊玛目玉赛音传》

Täẕkirä-i Imām Ḥäsän Imām Ḥusäyīn

《伊玛目艾山与伊玛目玉赛音塔孜克日》《伊玛目艾山与伊玛目玉塞因传》《两个伊玛目传》

毛拉·穆罕默德·尼亚孜（Mollā Muḥämmäd Niyāz）著

石印本.--塔什干：出版者不详，清光绪年间（1905—1906年，回历1323年）。

1册；24.1cm×16.5cm（开本）

传记类作品，精装，封面硬纸，80页.--纸张面积25.9cm×16.3cm，有字面积约22.8cm×13.8cm，每页18～23行，四周双边框。

文献以诗歌的形式讲述了艾山、玉赛因的故事。

中国民族图书馆藏，编号：206

普本

注：文献保存完整，该馆同时收藏有编号008号、042号《伊玛目艾山与伊玛目玉赛音传》的手抄本

64.《苏菲·安拉亚尔诗集》

Ṣūfī Allahyār

苏菲·安拉亚尔（Ṣūfī Allahyār）著

石印本.--塔什干：出版者不详，民国年间（1915—1916年，回历1334年）。

1册；22.1cm×13cm（开本）

文学类文献，平装，封面软纸加布，94页.--纸张面积20.7cm×12.8cm，有字面积约18.3cm×9.6cm，每页19行，四周有边框。

内容提要见第66页。

中国民族图书馆藏，编号：210

普本

注：保存较完整，与该馆编号075号、234号、301号《苏菲·安拉亚尔

诗集》内容基本一样，印刷版本均不同

65.《伊斯兰伦理》（拟题）

佚名著

石印本.--出版地不详：出版者不详，清末、民国年间。

1册；26.9cm × 17cm（开本）

宗教类文献，精装，封面木板加布，146页.--纸张面积26.6cm × 16.7cm，有字面积约23.3cm × 12.8cm，每页23行，四周双边框。

此文献是关于宗教伦理的著作，分章节进行讲述，现存部分共20章，主要是关于宗教规范、宗教禁忌，部分经文和拜功等内容。

中国民族图书馆藏，编号：217

普本

注：文献保存不完整，含三种颜色纸张

66.《艾里希尔·纳瓦依诗集》

ʻÄmir Nävā'ī

艾里希尔·纳瓦依（ʻÄlīšīr Nävā'ī）著

石印本.--塔什干：出版者不详，清末、民国年间。

1册；23cm × 13.5cm（开本）

文学类文献，精装，封面硬纸加布，115页.--纸张面积22cm × 13cm，有字面积约17.4cm × 9.8cm，每页16行，四周有边框。

内容提要参见第12页。

中国民族图书馆藏，编号：218

普本

注：保存较完整，该馆另收藏编号050号、061号、073号、085号、201号、226号、228号、241号、267号、274号、304号《艾里希尔·纳瓦依诗集》，印刷版本不同

67.《艾里希尔·纳瓦依诗集》

ʿÄmir Nävā'ī

艾里希尔·纳瓦依（ʿÄlīšīr Nävā'ī）著

石印本.--塔什干：出版者不详，清光绪二十八年（1902）。

1册；21.9cm×13.2cm（开本）

文学类文献，平装，封面软纸，95页.--纸张面积22cm×13cm，有字面积约17.4cm×9.8cm，每页16行，四周三边框。

此文献节选自纳瓦依《四重奏》诗歌组成，诗体主要是格则勒，所选内容包括了爱情、情义、信仰等。

中国民族图书馆藏，编号：226

普本

注：保存较完整，部分页面有修复，与该馆编号085号《艾里希尔·纳瓦依诗集》内容一样，印刷版本相同，与该馆050号、061号、073号、201号、218号、226号、228号、267号、274号、304号《艾里希尔·纳瓦依诗集》有相似内容，印刷版本不同

68.《宰尔库姆之书》

Kitāb-i Zärqum

毛拉·赛义德汗·依禅·布哈拉（Mollā Säʿidẖān Išān Būẖārī）著

石印本.--出版地不详，出版者不详，清末、民国年间。

1册；21cm×13.2cm（开本）

文学类、宗教类文献，平装，封面软纸，73页.--纸张面积21cm×12.9cm，有字面积约18cm×9.3cm，每页17行，四周双边框。

《宰尔库姆之书》主要记述穆罕默德征服赞格巴台诚国王宰尔库姆，把伊斯兰教传播到印度洋珊瑚岛及现在的坦桑尼亚境内的赞格巴台诚的故事。此文献现存部分讲述了穆罕默德与宰尔库姆之间的战争，描写了阿里的英勇无畏，还有宰尔库姆儿子们与阿里战斗失败后，宰尔库姆与阿里的对话。

中国民族图书馆藏，编号：227

普本

注：保存不完整，前后有丢失

69.《艾里希尔·纳瓦依诗集》

ʿÄmir Nävā'ī

艾里希尔·纳瓦依（ʿÄlīšīr Nävā'ī）著

石印本.--塔什干：出版者不详，清末、民国年间。

1册；22.8cm×14cm（开本）

文学类文献，精装，封面硬纸加布，114页.--纸张面积22.7cm×13.2cm，有字面积约17.8cm×9.8cm，每页15行，四周有边框。

此文献是诗歌节选，是后人从纳瓦依的《四重奏》中选出的格则勒形式的诗集。

中国民族图书馆藏，编号：228

普本

注：保存较完整，有粉、黄两种颜色纸张，该馆另收藏编号050号、061号、073号、085号、201号、218号、226号、241号、267号、274号、304号《艾里希尔·纳瓦依诗集》，印刷版本不同

70.《纳瓦依诗歌节选》

Dīvān-i ʿÄmir Nävā'ī

艾里希尔·纳瓦依（ʿÄlīšīr Nävā'ī）著

石印本.--塔什干：出版者不详，清光绪年间（1901—1902年，回历1319年）。

1册；22.8cm×13.4cm（开本）

文学类作品，精装，封面硬纸加麻布，152页.--纸张面积22.7cm×13.7cm，有字面积约19.7cm×10.9cm，四周双边框。

内容提要参见第80页。

中国民族图书馆藏，编号：231

普本

注：保存较完整，此文献与编号049号《纳瓦依诗歌节选》内容一样，印刷版本相同

71.《数学》

Täshīlul Ḥisāb

阿布都热西德（ʿAbdulräšid）著

手抄本.--抄写地不详：抄写者不详，民国年间。

1册；21cm × 16.5cm（开本）

自然科学类，精装，封面硬纸加布，280页.--纸张面积21cm × 16cm，有字面积约16.5cm × 12cm，每页25行。

此类文献在察合台文献中较少，文献开篇以问答的形式简单介绍了数学这一门学科，介绍了运算规律和方法，竖式计算、分数的算法等基本算法。

中国民族图书馆藏，编号：233

珍本

注：保存较完整

72.《苏菲·安拉亚尔诗集》

Ṣūfī Allahyār

苏菲·安拉亚尔（Ṣūfī Allahyār）著

石印本.--塔什干：出版者不详，民国年间（1915—1916年，回历1333年）。

1册；20.7cm × 13.4cm（开本）

文学类文献，精装，封面硬纸加布，93页.--纸张面积22cm × 13.1cm，有字面积约18.3cm × 9.6cm，每页19行，四周有边框。

内容提要见第88页。

中国民族图书馆藏，编号：234

普本

注：保存较完整，与该馆编号075号、210号、301号《苏菲·安拉亚尔诗集》内容基本一样，印刷版本均不同

73.《真理的知己》

Ḥäqā'iqul Äsrār

佚名著，阿勒法孜江（Äl-fāẓīcan）译

石印本.--塔什干：乌拉米亚印刷厂，清光绪年间（1906—1907年，回历1324年）。

1册；37.8cm×25cm（开本）

宗教类文献，精装，封面硬纸加皮，192页.--纸张面积37cm×23.5cm，有字面积约18cm×9.9cm，每页16行，四周有边框。

此文献从《古兰经》里的字母说起，共45章，讲述了创造亚当，创造天使，创造死亡，死亡之后的事情。同时引用了相关的《经文》。

中国民族图书馆藏，编号：236

普本

注：保存较完整

74.《艾里希尔·纳瓦依诗集》

'Ämir Nävā'ī

艾里希尔·纳瓦依（'Älīšīr Nävā'ī）著

石印本.--塔什干：乌拉米亚印刷厂，民国年间（1913—1914年，回历1332年）。

1册；22.8cm×14cm（开本）

文学类文献，精装，封面硬纸加布，118页.--纸张面积22.7cm×13.2cm，有字面积约17.8cm×9.8cm，每页15行，四周有边框。

此文献是诗歌节选，是后人从纳瓦依的《四重奏》中选出的格则勒形式的诗集。

中国民族图书馆藏，编号：241

普本

注：保存较完整，该馆另收藏编号050号、061号、073号、085号、201号、218号、226号、228号、267号、274号、304号《艾里希尔·纳瓦依诗集》，印刷版本不同

75.《珍贵的梯子》（拟题）

佚名著

手抄本.-- 抄写地不详：抄写者不详，清。

1册；38.3cm × 27.5cm（开本）

宗教类文献，精装，封面木板加布，400页，正文桑皮纸.-- 纸张面积36.1cm × 24.2cm，有字面积约30.2cm × 16.5cm，每页14行。

此文献是以警言的方式书写，主要讲述了远离火狱，接近天堂之道。

中国民族图书馆藏，编号：243

珍本

注：保存较完整

76.《穆圣传》

Sīr-i Šärīf Türkiy

《穆罕默德传》

麦吾拉纳·穆恩丁（Mävlānā Muvā'iddīn）著

石印本.-- 塔什干：出版者不详，清光绪年间（1907 — 1908年，回历1325年）。

3册；38.9cm × 27.9cm（开本）

传记类文献，精装，封面硬纸加麻布，316+309+528页.-- 纸张面积38cm × 25cm，有字面积约31cm × 18.5cm，每页25行，四周三边框。

此文献为《穆圣传》第一卷、第三卷和第四卷。

中国民族图书馆藏，编号：244（1）、244（2）、244（3）

普本

注：保存较完整，第四卷修复过，有11页手抄补充内容，与本馆收藏编号001号、247号《穆圣传》部分内容相似，但版本不同

77.《殉教者花园》

Rävżätuš Šuhädā

麦吾拉纳·玉赛因·瓦依孜·卡什菲（Mävlānā Ḥusäyin Vā'iz Kāšifī）著

手抄本.-- 抄写地不详：抄写者不详，清。

1册

传记类文献，封面佚失，228页，正文桑皮纸.-- 纸张面积41cm×31cm，有字面积约30cm×24cm，每页21行。

此文献现存部分主要讲述伊玛目艾山和伊玛目玉赛音的故事，穆罕默德的故事，优素甫的故事等伊斯兰教宗教人物的故事。

中国民族图书馆藏，编号：245

普本

注：保存不太完整，此文献夹杂着少许波斯文

78.《梯子》

Mi'rācnāmä

《登宵记》

佚名著

手抄本.-- 抄写地不详：抄写者不详，清。

1册；36.7cm×25.3cm（开本）

传记类文献，精装，封面硬纸加布，122页，正文桑皮纸.-- 纸张面积36.2cm×24.4cm，有字面积约31cm×18.2cm，每页23行，四周四边框。

此文献共有72个人物的故事，如阿丹的故事，阿丹的两个儿子卡比力和哈比力的故事，诺亚的故事，尤努斯的故事，莱曼的故事，穆罕默德接受伊斯兰教及穆罕默德当先知前后的故事等。

中国民族图书馆藏，编号：246

珍本

注：保存较完整，修复过，文献目录部分，红色字体为数字，黑色字体是题目

79.《穆圣传》

Sīr-i Šärīf Türki

《穆罕默德传》

麦吾拉纳·穆恩丁（Mävlānā Muvā'iddīn）著

石印本.--塔什干：出版者不详，清末、民国年间。

1册；33.7cm × 21cm（开本）

传记类文献，精装，封面硬纸加皮，632页.--纸张面积33.4 × 20.5cm，有字面积约28 × 16.3cm，每页27行，四周三边框。

此文献为《穆圣传》第一、二、三卷合订版。

中国民族图书馆藏，编号：247

普本

注：保存较完整，部分页面修复过，与本馆收藏编号001号、244号《穆圣传》部分内容相似，但版本不同

80.《宗教知识》（拟题）

佚名著

手抄本.--抄写地不详，抄写者不详，清。

1册；30.4cm × 20.6cm（开本）

宗教类文献，精装，封面硬纸，128页，正文桑皮纸.-- 纸张面积29.5cm × 20.4cm，有字面积约21.2cm × 13.5cm，每页15行。

此文献主要关于宗教方面的经文片段，开斋节和宰牲节两个重大节日的拜功以及一些圣训节选。

中国民族图书馆藏，编号：251

普本

注：页面有磨损

81.《登宵的故事》

Qiṣṣä-i Mi’rāc

佚名著

石印本.-- 出版地不详：出版者不详，清末、民国年间。

1册；23.8cm × 13.9cm（开本）

宗教类文献，精装，封面硬纸加麻布，67页.-- 纸张面积22.9cm × 13.5cm，有字面积约17.2cm × 10.2cm，每页15行，四周有边框。

此文献前面部分是赞词，也就是穆罕默德的诞辰纪念日上要读的赞美诗歌。文献主要记述了穆罕默德登宵的故事，包括穆罕默德登宵前的征兆，穆罕默德启示的降领，登宵时的所见所闻等内容。

中国民族图书馆藏，编号：264

普本

注：保存不完整

82.《艾里希尔・纳瓦依诗集》

‘Ämir Nävā’ī

艾里希尔・纳瓦依（‘Älīšīr Nävā’ī）著

石印本.-- 塔什干：出版者不详，清光绪年间（1905 — 1906年，回历1324年）。

1册；23.3cm × 14cm（开本）

文学类文献，精装，封面硬纸加皮，140页.-- 纸张面积22.7cm × 13.2cm，有字面积约17.8cm × 9.8cm，每页15行，四周三边框。

此文献节选自纳瓦依《四重奏》诗歌组成部分，诗体均为格则勒。

中国民族图书馆藏，编号：267

普本

注：保存较完整，有黄、粉、桔、蓝四种颜色纸张，该馆另收藏编号

050号、061号、073号、085号、201号、218号、226号、228号、241号、274号、304号《艾里希尔·纳瓦依诗集》有相似内容，印刷版本不同

83.《谈伊斯兰》

Mubäiyänul Islām

埃米尔·苏力坦·巴布尔汗（ʻÄlīšīr Sultan Baburḫān）著

石印本.--出版地不详：出版者不详，民国年间（1916—1917年，回历1335年）。

1册；22.5cm × 13.1cm（开本）

宗教类文献，精装，封面硬纸加布，138页.--纸张面积21.9cm × 12.8cm，有字面积约17.7cm × 10.5cm，每页11～19行，四周双边框。

该文献主要解释和讲述了关于伊斯兰教的一些问题，诸如什么是信仰、穆罕默德登宵、四个伊玛目、天堂和地狱、礼拜的时间等。

中国民族图书馆藏，编号：268

普本

注：此文献前48页为蓝黑色字迹，后面为黑色字迹

84.《穆萨之书》

Mūsā Nāmä

佚名著

石印本.--塔什干：出版者不详，民国年间（1915—1916年，回历1333年）。

1册；23cm × 13.8cm（开本）

传记类文献，精装，封面硬纸加麻布，22页.--纸张面积23.5cm × 14cm，有字面积约17.9cm × 9.4cm，每页15～17行，四周三边框。

此文献为诗歌集，主要记述了伊斯兰教宗教人物穆萨的故事。

中国民族图书馆藏，编号：270

普本

注：此文献与《末日之书》为合订本，编号均为270号

85.《末日之书》

Qīyāmät Nāmä

佚名著

石印本.--塔什干：出版者不详，民国年间（1915—1916年，回历1333年）

1册；23cm × 13.8cm（开本）

宗教类文献，精装，封面硬纸加麻布，8页.--纸张面积23.5cm × 14cm，有字面积约17.9cm × 9.4cm，每页15～17行，四周三边框。

此文献以诗歌形式撰写，主要讲述了伊斯兰教中末日的特征以及要如何为末日做准备等内容。

中国民族图书馆藏，编号：270号

普本

注：此文献与《穆萨之书》为合订本，编号均为270

86.《论星辰》（拟题）

佚名著

手抄本.--抄写地不详：抄写者不详，清抄本。

1册；20.9cm × 12cm（开本）

天文历法类文献，精装，封面硬纸加皮，74页，正文桑皮纸.-- 纸张面积19.6cm × 11.7cm，有字面积约17cm × 7.5cm，每页15行。

此文献章节名，月日等用红色字迹写出，主要讲述星象、星辰、择日办事等，如几月几日哪个星座在什么位置，一周七天适合做的事情等。

中国民族图书馆藏，编号：271

珍本

注：此文献字迹整齐、清楚，该文献章节名，月日等用红色字迹写出

87.《救星》

Fävzul Näcāt

哈吉·阿布都拉沃甫·阿卜杜乃比（Ḥācī ʿAbdullahyov ʿAbdunābīy）著

石印本.--出版地不详：出版者不详，清末、民国年间。

1册；22.5cm×13.5cm（开本）

宗教类文献，精装，封面硬纸加布，56页.--纸张面积22.5cm×13.6cm，有字面积约18.8cm×9.8cm，每页16～21行，四周有边框。

此文献以麦斯乃维的诗歌体裁所著，主要记述了穆罕默德的品质和功德，穆罕默德的四个朋友及其他宗教人物，伊玛目应具备的品质和责任等。

中国民族图书馆藏，编号：272

普本

注：与本馆编号285号《救星》内容相似度高，但不是同一印本

88.《艾里希尔·纳瓦依诗集》

ʿÄmir Nävāʾī

艾里希尔·纳瓦依（ʿÄlīšīr Nävāʾī）著

石印本.--塔什干：乌拉米亚印刷厂，清光绪年间（1905—1906年，回历1322年）。

1册；23.5cm×14cm（开本）

文学类文献，精装，封面硬纸加布，140页.--纸张面积23cm×13.5cm，有字面积约18.1cm×10cm，每页17行，四周有边框。

此文献节选自纳瓦依《四重奏》诗歌组成部分，诗体均为格则勒。

中国民族图书馆藏，编号：274

普本

注：保存较完整，有粉、黄、蓝三种颜色纸张。该馆另收藏编号050号、061号、073号、085号、201号、218号、226号、228号、241号、267号、304号《艾里希尔·纳瓦依诗集》，印刷版本不同

89.《论宗教》（拟题）

佚名著

石印本.--出版地不详，出版者不详，清末、民国年间。

1册；23.2cm × 13.7cm（开本）

宗教类文献，精装，封面硬纸加麻布，95页.--纸张面积23.1.cm × 13.3cm，有字面积约18.5cm × 9.6cm，每页19行，四周有边框。

此文献内容是关于伊斯兰教信仰的文献，文献中讨论了信仰、伊玛目应具备的条件等内容。

中国民族图书馆藏，编号：276

普本

注：后面部分缺失

90.《毛拉纳·艾里希尔·纳瓦依》

Mävlānā ʿÄmir Nävā'ī

艾里希尔·纳瓦依（ʿÄlīšīr Nävā'ī）著

石印本.--塔什干：吾拉米亚印刷厂，清光绪年间（1904—1905年，回历1322年）。

1册；23.3cm × 13.5cm（开本）

文学类文献，精装，封面硬纸加布，168页.--纸张面积22.8cm × 13.5cm，有字面积约17.5cm × 9.7cm，每页15行，四周三边框。

此文献封面为《毛拉纳·艾里希尔·纳瓦依》节选纳瓦依一首诗歌，其他内容为《苏菲·安拉亚尔》诗歌节选，是以麦斯乃维为体裁的诗歌集。

中国民族图书馆藏，编号：279

普本

注：保存较完整，有黄、粉、灰三种颜色纸张

91.《救星》

Fävzul Näcāt

哈吉·阿布都拉沃甫·阿卜杜乃比（Ḥāḥcī ʻAbdullahyov ʻAbdunābīy）著

石印本.--塔什干：出版者不详，清末、民国年间。

1册，23cm×13.8cm（开本）

宗教类文献，精装，封面硬纸加布，101页.--纸张面积22.4cm×13cm，有字面积约19.1cm×10cm，每页17行，四周双边框。

此文献以麦斯乃维的诗歌体裁所著，主要记述了穆罕默德的品质和功德，穆罕默德的四个朋友及其他宗教人物，伊玛目应具备的品质和责任等。

中国民族图书馆藏，编号：285

普本

注：每页分两栏，与本馆编号272号《救星》印刷版本不同

92.《医学手册》（拟题）

佚名著

手抄本.-- 抄写地不详：抄写者不详，清。

1册；22.5cm×17.7cm（开本）

医药类文献，精装，封面木板加布，70页，正文桑皮纸.-- 纸张面积22.7cm×17.2cm，有字面积约16.4cm×11.6cm，每页10～11行。

此文献记述了治疗各种眼睛疾病、耳朵疾病的不同偏方，普通人用药、哺乳期妇女用药、小孩用药的不同方法。对研究新疆地区医药有参考价值。

中国民族图书馆藏，编号：286

珍本

注：保存较完整文献，有少量波斯文内容

93.《夏·麦西来甫诗集》

Dīvān-i Măšrăb

《夏·麦西热甫传》《麦西来甫传》《麦西来甫集》《夏·麦西来甫的故事》

佚名著

石印本.-- 出版地不详：出版者不详，清末、民国年间。

1册

传记类文献，封面佚失，126页.-- 纸张面积26.5cm×16.8cm，有字面积约22.3cm×13.2cm，每页23行，四周双边框。

此文献以散文和诗歌的形式表述，主要由他的生平故事与他创作诗歌组成。

中国民族图书馆藏，编号：287号

普本

注：与该馆收藏编号35号，100号版本不同

94.《四个伊玛目传》

Tăẕkiră-i Imāmlarim

毛拉·穆罕默德·尼雅孜（Mollā Muḥămmăd Niyāz）著

手抄本.-- 抄写地不详：抄写者不详，清。

1册；25.2cm×18cm（开本）

传记类文献，精装，封面硬纸加麻布，60页，正文桑皮纸.-- 纸张面积24cm×17.2cm，有字面积约21.4cm×13cm，每页14～16行。

此文献主要讲述四位伊玛目参加对喀什噶尔、叶尔羌、和田的伊斯兰战争的活动，四位伊玛目来之前当地的宗教情况，四位伊玛目在迫使和田佛教徒皈依伊斯兰教的战争中相继殉教的故事。

中国民族图书馆藏，编号：290

珍本

注：保存较完整

95.《先知传》

Qiṣāṣul Änbiy ā ’

《圣人传》《拉布胡兹故事集》《拉伯胡兹故事集》《拉勃胡兹故事集》

纳斯鲁丁·拉布胡兹（Nāṣiruddīn Rābġūzī）著，纳斯尔丁·伊斯兰木（Nāṣiriddīn Islāmī）译

铅印本.--出版地不详：出版者不详，清末、民国年间。

1册；26.1cm × 16.9cm（开本）

传记类文献，精装，封面硬纸加皮，312页.--纸张面积26cm × 16.9cm，有字面积约22cm × 13.1cm，每页23行，四周双边框。

此文献主要讲述世界和人类世界的产生，在此过程中一些人物的故事。

中国民族图书馆藏，编号：291

普本

注：保存较完整，与该馆编号026号《先知传》为不同印本

96.《天堂之钥匙与信仰之明灯》

Miftāḥul Cinān

佚名著

手抄本.--抄写地不详：抄写者不详，清。

1册；25.2cm × 17cm（开本）

宗教类文献，精装，封面硬纸加皮，427页，正文桑皮纸.-- 纸张面积25.7cm × 16.7cm，有字面积约18.8cm × 10.8cm，每页15行。

此文献主要讲述了伊斯兰教中的伦理常识和教义规定，共25章的宗教知识。

中国民族图书馆藏，编号：292

珍本

注：保存较完整，文献章节用红色字迹写出，有八枚印章。该馆另收藏有009号、010号、011号、129号《天堂之钥匙与信仰之明灯》石印本

97.《警言集》

Ḥikmät-i Šärīf

和卓·艾哈迈德·耶赛维（Ḫvācä Äḥmäd Yässävī）著

手抄本.--抄写地不详：抄写者不详，清。

1册；20.7cm × 13.1cm（开本）

宗教类文献，精装，封面硬纸加布，52页，正文桑皮纸.-- 纸张面积20cm × 13cm，有字面积约16.7cm × 8.2cm，每页9～12行。

此文献从《警言集》里节选部分诗歌，主要有宗教伦理、宗教道德、强化信仰等内容。

中国民族图书馆藏，编号：294

普本

注：与该馆另收藏有编号089号、095号《警言集》抄本，该馆另有一部编号为030的石印本《警言集》

98.《伊玛目战记》（拟题）

佚名著

手抄本.--抄写地不详：抄写者不详，清。

1册；21.7cm × 13cm（开本）

传记类文献，精装，封面硬纸加麻布，122页，正文桑皮纸.-- 纸张面积21.2cm × 13cm，有字面积约18.5cm × 11cm，每页13行。

此文献主要记述了伊玛目哈桑、伊玛目侯赛因、伊玛目穆罕默德·哈纳菲、伊玛目艾山和伊玛目玉赛因等宗教人物传教、殉教的故事。

中国民族图书馆藏，编号：296

珍本

注：保存较完整

99.《胡外达·齐姆亚尼诗集》

Huväydā Čimyānī

霍加·奈再尔·哈依卜奈再尔·胡外达·齐姆亚尼（Ḫvācä Näẓär Ġāyip Näẓär Huväydā Čimyānī）著

石印本.--塔什干：出版者不详，清末、民国年间。

1册；22.8cm × 13.7cm（开本）

文学类文献，精装，封面硬纸加布，116页.--纸张面积22.6cm × 13.6cm，有字面积约17.7cm × 9.8cm，每页11行，四周双边框。

此文献是胡外达·齐姆亚尼的诗歌节选，以抒情诗歌为主，主要记述了神灵之爱和现实之爱的劝谕性教育类诗歌作品。

中国民族图书馆藏，编号：298

普本

注：该馆另收藏有059号《胡外达·齐姆亚尼诗集》石印本为不同印本

100.《宗教常识》（拟题）

佚名著

手抄本.--抄写地不详：抄写者不详，清。

1册；21.8cm × 13.7cm（开本）

宗教类文献，精装，封面硬纸加皮，200页，正文桑皮纸.-- 纸张大小21.2cm × 13.7cm，有字面积约15.5cm × 8.8cm，每页11～16行。

此文献主要节选《古兰经》里的某些章节（阿拉伯文撰写），察合台文是翻译部分和旁白。

中国民族图书馆藏，编号：299

珍本

注：保存较完整，文献里红色字体是每一段（一节）经文的名称

101.《苏菲·安拉亚尔诗集》

Ṣūfī Allahyār

苏菲·安拉亚尔著（Ṣūfī Allahyār），米尔扎·霍坎迪（Mirzā Qoqändī）整理

石印本.--塔什干：出版者不详，民国年间（1916—1917年，回历1334年）。

1册；21.5cm×12.5cm（开本）

文学类文献，精装，封面硬纸加布，96页.--纸张面积21.1cm×11.5cm，有字面积约17.9cm×9.5cm，每页19行，四周双边框。

内容提要见第88页。

中国民族图书馆藏，编号：301

普本

注：保存较完整，每页分两栏，与该馆编号075号、210号、234号《苏菲·安拉亚尔诗集》内容基本一样，印刷版本均不同

102.《艾里希尔·纳瓦依诗集》

ʿÄmir Nävā'ī

艾里希尔·纳瓦依（ʿÄlīšīr Nävā'ī）著

石印本.--塔什干：出版者不详，民国年间（1915—1916年，回历1334年）。

1册；23.5cm×14cm（开本）

文学类文献，精装，封面硬纸加布，96页.--纸张面积23cm×13.5cm，有字面积约18.1cm×10cm，每页17行，四周有边框。

此文献节自纳瓦依诗歌组成，主要诗体有格则勒、柔巴依等。大部分内容选自《四重奏》，以抒情诗为主。

中国民族图书馆藏，编号：304

普本

注：保存较完整，该馆另收藏编号050号、061号、073号、085号、201号、

218号、226号、228号、241号、267号、274号《艾里希尔·纳瓦依诗集》内容基本一样，印刷版本不同，与该馆《艾里希尔·纳瓦依诗集》，印刷版本不同

四、中国社会科学院民族学与人类学研究所图书馆察合台文古籍收藏目录

中国社会科学院民族学与人类学研究所图书馆是我国少数民族语言古籍重要的收藏单位。图书馆创建于1956年12月，收藏少数民族文字文献资料约2万册，长期以来为研究所科研人员提供文献信息资源保障，也为国内外的民族学人类学学界提供文献信息服务。

中国社会科学院民族学与人类学研究所图书馆可谓是在北京地区收藏察合台文古籍数量较多、质量较好的一家收藏单位。该馆曾经在20世纪50年代制作过馆藏察合台文古籍目录卡片，但由于历史原因，现存卡片信息已不准确，此后再无系统整理过馆藏察合台文古籍。同时，由于后期仍有收集和捐赠，所以具体馆藏和收藏情况急需再一次进行整理登记，既有助于弄清馆藏，也有助于古籍的保护和利用。

中国社会科学院民族学与人类学研究所图书馆目前所收藏的察合台文古籍同阿拉伯文、波斯文古籍一同存放，因要全部重新整理、排架，所以甄选出察合台文古籍后，又进行了编目。目前该馆收藏有91种85件察合台文古籍，37种手抄本、26种石印本、20种铅印本、2种油印本。37种手抄本中023号《恰哈尔迪瓦尼》和078号《情之所钟》入选第一批古籍名录，另有030号《凯旋书》，046号《哈拉巴提诗集》，048号《泰伯里史》，059号《哈斯亚的特点》，075号《君子神往》，087号《四重奏》均可堪称善本。值得一提的是087号《四重奏》，是非常珍贵的宫廷版藏书，最后一页有哈密君王穆罕默德·佰希尔的印章，毛拉穆罕默德·哈斯木·哈穆里于1839年抄

写。其他手抄本，虽然版本价值也很高，但因为保存完整度不及以上几件，亦有版本信息不全，暂定为珍本；编号为026号的《七大伊玛目传》，虽然保存完整，版本价值也较高，但因抄写时间为1948年，暂定为珍本。

1.《圣人简史》

Tārīẖī Änbiyā

穆罕默德热伊木·海乃菲（Muḥämmäd Räḥīm Hänāfī）著

铅印本.--喀山：苏巴鄂公司，清末、民国年间。

1册；21.7cm × 15cm（开本）

历史类文献，平装，封。面软纸，66页.--纸张面积21.2cm × 14.5cm，有字面积约29cm × 17cm，每页15行，顶部单边框。

此文献主要讲述了自亚当起至穆罕默德时期多位人物的介绍，如亚当、诺亚、易卜拉欣、穆萨（摩西）、尤素福、尔萨（耶稣）、亚合亚、穆罕默德等。

中国社会科学院民族学与人类学研究所图书馆藏，编号：001

普本

注：部分页面修复过

2.《地理学》

'Ilim-i Cuġrāfiyā

佚名著

石印本.--喀什：瑞士传教印刷室，民国十六年（1927）。

1册；22cm × 14.2cm（开本）

自然科学类文献，精装，封面硬纸加麻布，205页.--纸张面积21.1cm × 13.3cm，有字面积约16.7cm × 11cm，每页24～28行。

此文献第3页是一段引言，介绍了何为地理，何为地理学，之后是正文，主要讲述了地球的地形、南北极，陆地和水域的种类（如海、湖、海峡、江河、瀑布等），七大洲的面积及人口、各洲的气候，人类种族（白种人、黑种人、黄种人等），国家及首都和主要城市等。

中国社会科学院民族学与人类学研究所图书馆藏，编号：002

珍本

注：保存完整，页眉有页码，第1页有印刷室的印章，第4页有两张地图

3.《舍巴尼汗》

Šäybāniẖān

穆罕默德·萨里赫（Muḥämmäd Ṣāliḥ）著

铅印本.--塔什干：出版者不详，光绪三十四年（1908）。

1册；28.3cm × 19.5cm（开本）

传记类文献，平装，封面软纸，207页.--纸张面积27.9cm × 19.3cm，有字面积约18cm × 11cm，每页22行。

此文献以麦斯乃维诗歌书写，主要讲述了舍巴尼汗在撒马尔罕、布哈拉、花剌子模等地进行的战役，以及对舍巴尼汗的赞誉，赞美其博学、智慧。

中国社会科学院民族学与人类学研究所图书馆藏，编号：003

普本

注：部分内容以西里尔文撰写，页眉有页码

4.《伊斯兰史》

Tārīẖ-i Islām-ẖäritäli Vä Räsimli

阿里·热夏德著（'Alī Rišād）

铅印本.--塔什干：彼得格勒印刷厂，民国三年（1914）。

1册；21cm × 14.2cm（开本）

历史类文献，平装，封面软纸加布，112页.--纸张面积21cm × 14.2cm，有字面积约16.3cm × 10cm，每页20～24行。

此文献主要记述了伊斯兰教宗教、历史上部分战争、伊斯兰的文化等

内容。

中国社会科学院民族学与人类学研究所图书馆藏，编号：004

普本

注：保存完整，顶部有书名和章节名，书中有地图和图案

5.《新疆省第一届妇联大会》

Ölkülük Birinči Ḫotun-qizlar Qurultayi

佚名著

铅印本 .-- 乌鲁木齐：出版者不详，民国三十一年（1942）。

1册；16.9cm × 13.1cm（开本）

政治类文献，平装，封面软纸，206页 .-- 纸张面积16.9cm × 12cm，有字面积约13.5cm × 10.4cm，每页19行。

此文献是关于民国时期新疆省妇女大会的第一册（目录显示有2册），包括在新疆省第一届妇联大会第六天的政治演讲，新疆省第一届妇联大会上讲的财政报告，新疆省第一届妇联大会上讲的教育事业报告、补充教育报告的一些资料，新疆省第一届妇联大会上讲的行政报告，新疆省第一届妇联大会上关于妇女运动的讲话等内容。

中国社会科学院民族学与人类学研究所图书馆藏，编号：005

普本

注：保存完整，页脚有阿拉伯数字页码

6.《毛拉纳·加玛力丁》

Ḥäżrät-i Mävlānā Cämāliddīn

佚名著

手抄本 .-- 抄写地不详：抄写者不详，清。

1册；21.5cm × 17.1cm（开本）

传记类文献，平装，封面软纸，160页，正文桑皮纸 .-- 纸张面积21.4cm × 16.5cm，有字面积约16.3cm × 10.4cm，每页12 ~ 13行。

此文献以神话的色彩讲述了毛拉纳·加玛力丁的故事，主要描写毛拉纳·加玛力丁流浪在各地，不受世俗的影响，追求信仰的过程。

中国社会科学院民族学与人类学研究所图书馆藏，编号：006

珍本

注：保存较完整，页脚有页码，故事的开头和引语部分都使用了红色墨迹，与008号、016号《毛拉纳·加玛力丁》不是一个抄本

7.《四个伊玛目传》

Täẕkirä-i Tört Imām

毛拉·穆罕默德·尼雅孜（Mollā Muḥämmäd Niyāz）著

手抄本.--抄写地不详：抄写者不详，清。

1册；27.3cm × 16.5cm（开本）

传记类文献，精装，封面印花硬纸，80页，正文桑皮纸.-- 纸张面积25.5cm × 15.5cm，有字面积约15cm × 10.6cm，每页10～12行。

此文献现存部分主要讲述了四个伊玛目从中亚到喀什地区传播伊斯兰教的故事。

中国社会科学院民族学与人类学研究所图书馆藏，编号：007

珍本

注：保存较完整，该馆另收藏编号079不同抄本《四个伊玛目传》

8.《毛拉纳·加玛力丁》

Ḥäżrät-i Mävlānā Cämāliddīn

佚名著

手抄本.--抄写地不详：抄写者不详，清。

1册；22cm × 16.6cm（开本）

传记类文献，平装，封面软纸，104页，正文桑皮纸.-- 纸张面积21.9cm × 16.6cm，有字面积约17.6cm × 12.5cm，每页13行。

内容提要参见本页。

中国社会科学院民族学与人类学研究所图书馆藏，编号：008

珍本

注：保存较完整，每一页有两栏。与本馆编号006号、016号均为不同抄本

9.《正道》

Ṣirāṭul Mustäqīm

阿合麦德·法里德·阿巴斯卡里（Äḥmäd Färid ʻÄbbās Qārī）著

石印本.--印度：阿富塔布拜尔克菲尔兹印刷厂，民国年间（1936—1937年，回历1355年）。

1册；23.5cm×19cm（开本）

宗教类文献，精装，封面硬纸加皮，458页.--纸张面积24.3cm×18.3cm，有字面积约20.5cm×14.2cm，每页24～30行，四周双边框。

此文献为《古兰经》第一章的详细注释。文献包括前言和正文两部分内容，前言部分主要讲了作者著译此书的目的、古兰经的颁降等内容；正文为古兰经第一章的解释，是按节进行描述并解释的。

中国社会科学院民族学与人类学研究所图书馆藏，编号：009

普本

注：保存较完整，部分页面有修复过的痕迹，页眉有书名和页码。此文献是通过和田的商人阿合麦德阿吉木·尤素福阿吉木（Āḥmäd Ḥācīm Bay bäččä Vālīd Yūsuf Ḥācīm）给予经济上的帮助而出版的

10.《殉教者花园》

Rävżätuš Šuhädā

麦吾拉纳·玉赛因·瓦依孜·卡什菲（Mävlānā Ḥusäyin Vā'iz Kāšifī）著

手抄本.--抄写地不详：抄写者不详，清。

1册；31.1cm×20cm（开本）

传记类文献，精装，封面硬纸加布加皮，371页，正文桑皮纸.-- 纸张

面积31.1cm×20.8cm，有字面积约26cm×15cm，每页21行。

此文献主要由10章正文和结语构成，讲述了伊斯兰史上主要宗教人物所遇到的困难及经受的苦难，记述了穆罕默德及亲属和挚友的故事，重点介绍了阿里的故事、伊玛目艾山的故事、伊玛目玉赛音的故事、伊玛目艾山和伊玛目玉赛音的后代等内容。

中国社会科学院民族学与人类学研究所图书馆藏，编号：010

珍本

注：保存较完整，部分页面有修复过的痕迹。与本馆收藏编号为022号的《殉教者花园》是不同抄本。同时，该馆收藏有074号《殉教者花园》

11.《巴亚孜》

Bäyāz

佚名著

石印本.--塔什干：克拉米·吾拉米印刷厂，清宣统年间（1910—1911年，回历1329年）。

1册；20.5cm×11.8cm（开本）

文学类文献，平装，封面软纸加麻布，204页.--纸张面积20.2cm×10.8cm，有字面积约13.2cm×6.6cm，每页8行，四周花边框。

此文献是不同诗人的爱情主题的诗歌选集，主要诗体是由格则勒和麦斯乃维体裁构成。内容主要是赞颂爱情、赞美情人的诗歌。

中国社会科学院民族学与人类学研究所图书馆藏，编号：012

普本

注：保存较完整，每页分两栏，文献含插页

12.《帕尔哈德与希琳》

Färḥād Vä Šīrīn

《法尔哈德与希林》《法尔哈德与西林》

艾里希尔·纳瓦依（'Älīšīr Nävā'ī）著

石印本 .-- 塔什干：出版者不详，20世纪初。

1册；23cm × 13.6cm（开本）

文学类作品，平装，封面软纸加布，144页 .-- 纸张面积22.4cm × 12.9cm，有字面积约17.9cm × 8.5cm ~ 20.5cm × 11.8cm，每页13行，四周三框栏。

此文献为著名爱情长诗《帕尔哈德与希琳》，是纳瓦依《海米赛》中的一部，描绘了主人公帕尔哈德与希琳之间的爱情悲剧，文献对主人公的刻画几乎接近完美：帕尔哈德是聪明、博学、正直、勇敢、健壮、英俊的，希琳是亚美尼亚的公主，她善良、聪慧、温柔、坚毅，忠贞，但文献对哈斯洛夫、巫师、丞相的描写却充满了厌恶，丑恶的特征在他们身上得到了体现。文献以帕尔哈德与希琳的爱情故事为主线，表达了作者的人文主义、爱国爱民的思想，歌颂了公正、博学的国王，痛斥了愚昧无知的暴君。该作品很多情节的描写具有神话色彩，它不仅是一部爱情长诗，也是一部神话故事。

中国社会科学院民族学与人类学研究所图书馆藏，编号：013

普本

注：保存较完整，页眉有页码

13.《阿拉伯语—塔塔尔语辞典》

Äl-mäğīdä（ʿÄräbčä-tatarčä Mukämmäl Luġät Kitābi）

塔依尔·艾合麦德·伊利亚斯（Tāhīr Äḥmäd ʿIlyās）著

铅印本 .-- 喀山：出版者不详，清宣统年间（1909 — 1910年，回历1327年）。

1册；26cm × 18.2cm（开本）

语文类文献，精装，封面硬纸加皮，825页 .-- 纸张面积25cm × 17cm，有字面积约22cm × 13.4cm，每页35 ~ 38行，顶部单边框。

此文献是阿拉伯语词汇用塔塔尔语进行注释，标出读音等，是一部较好的综合性辞典。以阿拉伯字母表的顺序列出词条和词组，给出了塔塔尔语的解析。

中国社会科学院民族学与人类学研究所图书馆藏，编号：014

普本

注：保存完整，页眉有页码，每页均分成三栏，文献有三枚印章

14.《夏·麦西来甫诗集》

Qiṣṣä-i Mäšräp

《夏·麦西热甫传》《麦西来甫传》《麦西来甫集》《夏·麦西来甫的故事》

佚名著

手抄本.-- 抄写地不详：阿布都拉·古丽巴格丁（ʿAbdullāh Gulbāġiddīn）抄本，清咸丰年间（1854—1855年，回历1271年）。

1册；24.2cm×15.4cm（开本）

传记类文献，精装，封面硬纸加皮，166页，正文桑皮纸.-- 纸张面积19.4cm×13.7cm，有字面积约15.5cm×9.4cm，每页11～13行。

此文献为诗人麦西来甫的传记，现存部分主要讲述了麦西来甫长大以后的经历，他因博学而备受尊敬，流浪在他乡的故事以及他的部分诗歌。

中国社会科学院民族学与人类学研究所图书馆藏，编号：015

珍本

注：保存较完整，部分页面有修复

15.《毛拉纳·加玛力丁》

Ḥäżrät-i Mävlānā Cämāliddīn

佚名著

手抄本.-- 抄写地不详：抄写者不详，清。

1册；29.5cm×20.2cm（开本）

传记类文献，平装，封面软纸加麻布，484页，正文桑皮纸.-- 纸张面积29.2cm×20cm，有字面积约22.2cm×12.3cm，每页13～15行。

此文献现存部分主要讲述了毛拉纳·加玛力丁的故事，讲述了他进行的战争，以及关于伦理、道德、做人、做事的寓言故事等内容。

中国社会科学院民族学与人类学研究所图书馆藏，编号：016

珍本

注：保存较完整，部分页面有修复过的痕迹，与006号、008号不是一个抄本

16.《七大伊玛目传》

Täẕkirä-i Imām Äftāh

佚名著

手抄本.--抄写地不详：抄写者不详，清。

1册；29.2cm × 23.7cm（开本）

传记类文献，平装，封面软纸加麻布，147页，正文桑皮纸.-- 纸张面积29.2cm × 23.5cm，有字面积约23.2cm × 17cm，每页13行。

此文献主要讲述了伊斯兰教历史上七大伊玛目以及他们对伊斯兰教传播做出的贡献。

中国社会科学院民族学与人类学研究所图书馆藏，编号：017

普本

注：文献前后有丢失页面，该馆另收藏编号026号、066号、076号、077号不同抄本《七大伊玛目传》

17.《心灵之光》

Żiyāul Qulūb

依巴迪拉·穆罕默德·依外孜（ʻIbādillah Muḥämmäd ʻIväẓ）著

手抄本.--抄写地不详：抄写者不详，清。

1册；23.7cm × 18cm（开本）

传记类文献，精装，封面纸加双层皮，407页，正文桑皮纸.-- 纸张面积24.4cm × 17cm，有字面积约18.2cm × 10.5cm，每页11～13行。

内容提要见第29页。

中国社会科学院民族学与人类学研究所图书馆藏，编号：018

善本

注：保存较完整

18.《哈孜拉特毛拉传》

Täẕkirä-i Ḥäżrät Mōllām

佚名著

手抄本.--喀什：抄写者不详，清道光年间（1843—1844年，回历1259年）。

1册；18.8cm×10cm（开本）

传记类文献，精装，封面硬纸加皮，126页，正文桑皮纸.-- 纸张面积18.6cm×9.7cm，有字面积约13.2cm×6.2cm，每页11行。

此文献包含三篇序言，一篇正文和一篇结语，主要讲述了哈孜拉特的家族世系，哈孜拉特其人，哈孜拉特传教的情况，哈孜拉特辞世等内容。

中国社会科学院民族学与人类学研究所图书馆藏，编号：019

珍本

注：保存较完整

19.《哈里发史》

Tävārīẖul Ḫälifä

奥斯曼·本·伊萨穆丁（Osmān Bin Huṣämiddīn）著

铅印本.--喀山：凯利玛印刷厂，清光绪二十九年（1903）。

1册；20.5cm×13.8cm（开本）

历史类文献，平装，封面软纸，60页.--纸张面积20.5cm×13.2cm，有字面积约18.7cm×10.6cm，每页27～28行，四周双边框。

此文献以一问一答的形式介绍了伊斯兰史上的重要人物的概况，每一页都是右栏为问、左栏为答，人物包括西耶斯、伊德利斯、胡德、萨里赫、易卜拉欣、鲁特、斯玛伊利、伊萨克、亚库甫、尤素福、艾尤卜、舒艾卜、穆萨、达伍德、苏莱曼、伊利亚斯、尤努斯、亚合亚、穆罕默德等。

中国社会科学院民族学与人类学研究所图书馆藏，编号：020

普本

注：保存完整，每页分成两栏

20.《忠言书》

Risālä-i Šīrīn Kälām

萨比提·本·阿布都勒巴克（Ṡābit Bin ʻAbdul-bāqī）著

石印本.--出版地不详：出版者不详，清末、民国年间。

1册；25.8cm×16.6cm（开本）

宗教类文献，平装，封面软纸，246页.--纸张面积26cm×17.5cm，有字面积约12.5cm×14.1cm，每页28行，四周有边框。

此文献主要讲述了穆罕默德的经历，包括穆罕默德家族世系、穆罕默德受到启示、穆罕默德开始传教、穆罕默德的迁徙、穆罕默德的诸位妻子等内容。此外，文献中还对阿拉伯人在前伊斯兰时期的宗教情况、阿拉伯人的教育、阿拉伯人的医学、阿拉伯人的商业工业和农业等内容进行了较为细致的讲述。

中国社会科学院民族学与人类学研究所图书馆藏，编号：021

普本

注：保存完整，页眉有页码

21.《殉教者花园》

Rävżätuš Šuhädā

麦吾拉纳·玉赛因·瓦依孜·卡什菲（Mävlānā Ḥusäyin Vā’iz Kāšifī）著

手抄本.--抄写地不详：抄写者不详，清。

1册；34.8cm×16cm（开本）

传记类文献，精装，封面硬纸加皮，416页，正文桑皮纸.-- 纸张面积34.4cm×21cm，有字面积约23.4cm×15.2cm，每页16行。

此文献一共有10章和1篇结语，主要讲述了伊斯兰教历史上的宗教人物，着重介绍了第四任哈里发阿里和他的后裔的故事。

中国社会科学院民族学与人类学研究所图书馆藏，编号：022号

珍本

注：保存较完整。与本馆收藏编号为010号的《殉教者花园》是不同抄本，同时，该馆收藏有074号《殉教者花园》石印本

22.《恰哈尔迪瓦尼》

Čähār Dīvān

《四重奏》《意渊》《精义宝库》《四卷诗》

艾里希尔·纳瓦依（'Ālīšīr Nävā'ī）著

手抄本.--抄写地不详：抄写者不详，清嘉庆年间（1819—1820年，回历1235年）。

1册；26.7cm × 17.6cm（开本）

文学类文献，精装，封面布加皮，1282页，正文桑皮纸.-- 纸张面积26.4cm × 15.9cm，有字面积约17cm × 9cm，每页13行，四周三边框。

内容提要见第9页。

中国社会科学院民族学与人类学研究所图书馆藏，编号：023

善本

注：保存完整，前部有词典，对作品中出现的波斯语、阿拉伯语词汇用察合台文进行注释，封面有一个铁锁，文献部分页面进行过修复。该文献已入选国务院颁布的第一批《国家珍贵古籍名录》，编号02337。与该馆编号087号的《四重奏》是不同抄本，内容有相似内容

23.《和卓传》

Täẕkirä-i Äizīzān

《阿孜赞传》《伟人传》

穆罕默德·萨迪克·喀什噶里（Muḥämmäd Ṣādiq Kāsġärī）著

手抄本.--抄写地不详：抄写者不详，清。

1册；33cm × 24cm（开本）

传记类文献，精装，封面硬纸加布，240页，正文桑皮纸 .-- 纸张面积32.6cm × 22.8cm，有字面积约25.7cm × 15.2cm ~ 27cm × 16.2cm不等，每页21 ~ 23行。

此文献主要叙述了17 — 18世纪喀什噶尔（也就是今新疆喀什地区）伊斯兰教和卓家族的历史。对于研究明末清初新疆地区的社会、政治、经济、文化、宗教及民族关系有重要参考价值，但《和卓传》在书写宗教人物时，过于夸张，个个都有传奇的经历和神力，几近神话。同时,《和卓传》作者是一位黑山派的信徒，因此在对黑山派的描写中是一贯的歌颂，对白山派的态度却截然不同。《和卓传》在记事上比较混乱，且没有详细的时间说明，研究起来必须参考其他著作。

中国社会科学院民族学与人类学研究所图书馆藏，编号：024

珍本

注：保存较完整

24.《六指书》

Altä Barmaq

《阿勒提巴尔马克》

穆罕默德·伊本·艾合麦德（Muḥämmäd Ibin Äḥmäd）著

铅印本 .-- 喀山：喀山大学印刷厂，清光绪二十五年（1899）。

2册；30.1cm × 21.2cm（开本）

宗教类文献，精装，封面硬纸加布，535页 .-- 纸张面积31.1cm × 21cm，有字面积约25cm × 16cm，每页38行，四周双边框。

此文献主要叙述了伊斯兰教知识，诸传说人物和宗教人物的简介，穆罕默德的生平和品质，当时的阿拉伯部落的概况、麦加和麦地那的情况等内容。

中国社会科学院民族学与人类学研究所图书馆藏，编号：025

普本

注：保存完整，页眉有页码

25.《七大伊玛目传》

Täẕkirä-i Imām Äftāh

佚名著

手抄本.--抄写地不详：毛拉艾民·本·穆罕默德·和卓（Mollā Ämin Bīn Muḥämmäd Hvācä）抄本，1947—1948年（回历1368年）。

1册；23.5cm×14.4cm（开本）

传记类文献，精装，封面硬纸加麻布，140页，正文桑皮纸.-- 纸张面积23cm×13cm，有字面积约17cm×9.6cm，每页8～9行。

此文献主要讲述了伊斯兰教历史上七大伊玛目以及他们对伊斯兰教传播做出的贡献。

中国社会科学院民族学与人类学研究所图书馆藏，编号：026

珍本

注：保存完整，首页用红色字体写出了书名和著者。该馆另收藏编号017号、066号、076号、077号不同抄本《七大伊玛目传》

26.《警言集》

Ḥikmät-i Šärīf

和卓·艾哈迈德·耶赛维（Ḫvācä Äḥmäd Yässävī）著

铅印本.--喀山：出版者不详，清末、民国年间。

1册；23cm×15cm（开本）

宗教类文献，精装，封面硬纸加皮，270页.--纸张面积22.9cm×14cm，有字面积约19.4cm×10.6cm，每页27～29行，四周双边框栏。

《警言集》由和卓·艾哈迈德·耶赛维撰写，诗体多样，别具风格。此文献从《警言集》中节选部分内容，主要关于宗教信仰，要充满希望、不贪婪、追求真理等。

中国社会科学院民族学与人类学研究所图书馆藏，编号：027

普本

注：保存较完整

27.《回族简史》

Muḫtäsär Tārīḫ-i Tūrġāniyä

毛拉苏莱曼·谢利甫（Mollā Suläymān Šärf）著

石印本.--塔什干：出版者不详，民国六年（1917）。

1册；23.5cm×14cm（开本）

文学类文献，精装，封面硬纸加布加皮，168页.--纸张面积22.5cm×13.1cm，有字面积约18cm×9.3cm，每页16行，四周三边框。

此文献从作者的角度讲述了回族的历史及形成渊源。文献是作者通过自己的角度的创作，与历史实际情况并不相符，因此提名虽然有“简史”二字，但还是归为文学类更为合理。

中国社会科学院民族学与人类学研究所图书馆藏，编号：028

普本

注：保存较完整

28.《突厥族源》

Tārīḫ-i Šäcärä-i Türk

乌布列·阿孜（Äbul Ġāzī）著

铅印本.--喀山：出版者不详，清末、民国年间。

1册；23.8cm×15.4cm（开本）

历史类文献，精装，封面硬纸加布，221页.--纸张面积23.8cm×14.9cm，有字面积约19cm×11.6cm，每页29～31行，四周双边框。

《突厥族源》是作者1665—1666年（回历1076年）著，内容主要是成吉思汗及其后代执政可汗的经历。此文献由九章组成，主要讲述了成吉思汗的生平事迹、成吉思汗的三子窝阔台统治莫卧儿帝国、成吉思汗的次子察合台统治玛瓦鲁纳赫尔及喀什一带、成吉思汗的四子拖雷统治伊朗一带、术赤的后代统治漠北一带、术赤之子昔班的后代等事件。

中国社会科学院民族学与人类学研究所图书馆藏，编号：029

普本

注：保存较完整，页眉有页码

29.《凯旋书》

Zäfärnāmä

《胜利记闻》《胜利书》

毛拉·夏克尔（Mollā Šākir）著

手抄本.-- 抄写地不详：抄写者不详，清。

1册；23.6cm × 16 .5cm（开本）

历史类文献，精装，封面硬纸加皮，237页，正文桑皮纸.-- 纸张面积23.5cm × 16.5cm，有字面积约17.6cm × 9cm，每页11行。

内容提要见第32页。

中国社会科学院民族学与人类学研究所图书馆藏，编号：030

善本

注：保存完整，每一章内容标题用红色笔书写，每页分两栏，可能为稿本

30.《海米赛》

Ḫämsä-i ʿÄmir ʿÄlīšīr Nävā'ī

《五卷诗》

艾里希尔·纳瓦依（ʿÄlīšīr Nävā'ī）著

石印本.--塔什干：出版地不详，清光绪二十七年（1901）。

1册；37.1cm × 26cm（开本）

文学类文献，精装，封面硬纸加皮，516页.-- 纸张面积37cm × 25.3cm，有字面积约33cm × 18cm，每页27行，四周三边框。

《海米赛》是纳瓦依于1483 — 1485年间写成的，是由五部长篇诗组成的诗集。它是维吾尔古典文学史上最长的一部诗。此文献较完整地记录了纳瓦依的《海米赛》，第一卷为君子神往，是一部哲理长诗，表达作者对道德、宗教、哲学和生活的看法；第二卷为莱丽与麦季侬，诗中讲述了一位有名望

的部落首领的女儿莱丽与一个小部落头人的儿子麦季依之间的爱情悲剧；第三卷为帕尔哈德与希琳，叙述了秦国王子法尔哈德和亚美尼亚美丽的公主希琳之间感人的爱情故事；第四卷为七星图，全诗由流传在中亚地区的七个民间故事改编而成，诗人分别借用了七个类型的人物，表达了自己的人道主义观点；第五卷为亚历山大的城堡，诗中通过一位兼哲学家、科学家、政治家、军事家的国王形象表达了作者自己的社会政治观点。

中国社会科学院民族学与人类学研究所图书馆藏，编号：031

普本

注：保存较完整，每页分四栏，页眉有页码，该馆另收藏编号034号、036号《海米赛》

31.《海米赛》

Ḫämsä Nävā'ī

《五卷诗》

艾里希尔·纳瓦依（ʿĀlīšīr Nävā'ī）著

石印本.--塔什干：出版者不详，清光绪年间（1904—1905年，回历1322年）。

1册；38.7cm×26cm（开本）

文学类文献，精装，封面硬纸加布，433页.--纸张面积38.4cm×25.6cm，有字面积约30.4cm×18cm，每页27行，四周三边框。

内容提要参见第139页。

中国社会科学院民族学与人类学研究所图书馆藏，编号：034

普本

注：页眉有页码每页分成四栏，该馆另收藏有编号031号、036号《海米赛》

32.《苏丹克尔米西传》

Ḥäżrät-i Qurmiš Säyidul Muslimīn

毛拉纳阿布都萨塔尔·伊本·毛拉纳阿卜杜艾力木·布哈里（Mävlānā ʿÄbdusättār Ibin Mävlānā ʿÄbdu-ālīm）著

手抄本.--抄写地不详：抄写者不详，清。

1册；20cm×13cm（开本）

传记类文献 ，精装，封面硬纸加皮，190页，正文桑皮纸.-- 纸张面积20cm×12.5cm，有字面积约16.2cm×9.6cm，每页13行。

此文献主要叙述了克尔米西的祖系、生平以及他为伊斯兰教的传播做出的贡献。

中国社会科学院民族学与人类学研究所图书馆藏，编号：035

珍本

注：保存较完整

33.《海米赛》

Ḫämšä Nävā'ī

《五卷诗》

艾里希尔·纳瓦依（ʿĀlīšīr Nävā'ī）著

石印本.--塔什干：出版者不详，清末、民国年间。

1册；25.8cm×16.1cm（开本）

文学类文献，精装，封面硬纸加布，290页.--纸张面积25.5cm×15.6cm，有字面积22.1cm×12.9cm，每页23行，四周花边框。

此文献以散文的形式书写，现存部分包括五部长诗中的四部，顺序为：（1）亚历山大的城堡；（2）七星图；（3）莱丽与麦季依；（4）帕尔哈德与希琳。

中国社会科学院民族学与人类学研究所图书馆藏，编号：036

普本

注：文献保存较完整，页眉有页码，该文献中插有彩图，该馆另收藏有编号031号、034号《海米赛》

34.《传记集》

Täẕkirälär

《历史故事汇编》

热合木·哈斯木（Rāḥīm Qāsim）著

手抄本.--抄写地不详：抄写者不详，清。

1册；25.1cm × 19.5cm（开本）

传记类文献，精装，封面硬纸加布，362页，正文桑皮纸.--纸张面积24.7cm × 18.8cm，有字面积约17.6cm × 14cm，每页11行。

此文献主要由若干篇不同的传记和伊斯兰教故事组成，包括伊玛目艾山和伊玛目玉赛的故事、四个伊玛目在和田传教、谢赫阿卜杜热合曼的故事、和卓穆罕默德谢利甫和苏力坦阿卜杜热西德间的故事、乔克图热西德与伊玛目艾则目的谈话；伊玛目贾法尔萨迪克的故事等内容。

中国社会科学院民族学与人类学研究所图书馆藏，编号：037

珍本

注：保存较完整，每个故事的题目系红色字体

35.《政治报告》

Siyāsiy Nutuq

佚名著

油印本.--乌鲁木齐：出版者不详，民国二十八年（1939）。

1册；20.6cm × 14.2cm（开本）

历史类文献，平装，封面软纸，56页.--纸张面积20.4cm × 14.2cm，有字面积约14cm × 11cm，每页17行，顶部双边框。

此文献是一份反映新疆解放前历史状况的报告，是在新疆省蒙—哈—柯代表大会上的报告。主要内容包括当时的国际政治趋势以及中国解放战争的希望，抗日战争最激烈时期新疆人民要共同努力，各民族人民肩并肩，共建新的新疆，六大政治路线带领牧民走向光明，各民族今后要努力的方向等内容。

中国社会科学院民族学与人类学研究所图书馆藏，编号：038

普本

注：保存较完整

36.《鞋匠手册》

Risālä-i Mozdozluq

佚名著

手抄本.--抄写地不详：毛拉·贾鲁甫阿洪（Mollā Jāruf Āẖund）抄本，清。

1册

手工技术类文献，封面佚失，126页，正文桑皮纸.-- 纸张面积10.8cm × 7.4cm，有字面积约9cm × 4.4cm，每页7～8行。

此文献主要叙述了鞋匠业的由来，师徒各要具备的行业道德，鞋匠需要掌握的基本功、忌讳和品质等行业须知等内容。

中国社会科学院民族学与人类学研究所图书馆藏，编号：039

珍本

注：保存较完整

37.《语言文学和历史问题》

Til-ädäbīyyāt Häm Tārīẖ Mäs'īlīliri

艾尔西丁·伊达耶托福（'Äršīddīn Ḥidāyätof），卡迪尔·艾山诺夫（Qādir Ḥäsänof）编

铅印本.-- 出版地不详：《哈萨克伊犁》杂志出版社，1948年。

1册；19.8cm × 13.5cm（开本）

文学类作品，平装，封面软纸，128页.-- 纸张面积19.7cm × 13.3cm，有字面积约16cm × 11cm，每页24行。

此文献为论文集，由语言文学和历史相关的12篇论文组成。论文中六篇为翻译的论文，原文为俄文，翻译成察合台文，含维吾尔族及其语言、古

代维吾尔文化遗产、维吾尔人在中亚人民文艺中的地位、维吾尔族达斯坦《福乐智慧》及其意义、麻赫穆德·喀什噶里以及他的《突厥语大词典》等；另6篇为察合台文撰写，含浅析维吾尔历史、论维吾尔爱国诗人毛拉毕拉里·本·毛拉尤素福、维吾尔族历史学家穆萨·塞拉米等内容。

中国社会科学院民族学与人类学研究所图书馆藏，编号：040

普本

注：保存完整

38.《信仰精言》

ʿÄqāʿid Jävhärī

萨比提·本·阿布都巴克（Ṡābit Bin ʿÄbdu Äl-bāqī）著

石印本.--印度德里：出版者不详，民国年间（1932—1933年，回历1351年）。

1册；27.2cm × 18.1cm（开本）

宗教类文献，平装，封面软纸，56页.--纸张面积27.2cm × 18cm，有字面积约22.7cm × 13.8cm，每页23～29行，四周双边框。

此文献由两部分组成，第一部分为信仰之精，即关于伊斯兰教及其相关知识的问答。第二部分为论逊奈（逊奈为穆斯林生活行为的准则），是经文加注释的结构，内容包含穆斯林的注意事项等内容。

中国社会科学院民族学与人类学研究所图书馆藏，编号：041

普本

注：保存较完整，页眉有页码

39.《伊斯兰教史》

Tārīẖ-i Islām

穆勒海斯（Mulẖäs）著

铅印本.--喀山：喀山凯莉米娅印刷厂，清光绪三十四年（1908）。

1册；21.4cm × 15.2cm（开本）

历史类文献，平装，封面软纸，76页.--纸张面积1.3cm×15.1cm，有字面积约18cm×12cm，每页25行，顶部双边框。

此文献主要讲述了伊斯兰教的发展历程，如穆罕默德的祖系、穆罕默德的后裔、穆罕默德的宣教传教、穆罕默德的迁徙和战争、穆罕默德的辞世、四任哈里发以及之后的伊斯兰教的传播等内容。

中国社会科学院民族学与人类学研究所图书馆藏，编号：042

普本

注：保存完整，页眉有页码、书名、章节名称，该文献为热西德学校教材

40.《阿拉伯语语法》

Ḥuṣūlul Äräb Fī Näḥū Lisānul ʽÄräb

佚名著

铅印本.--喀山：出版者不详，清光绪年间（1892—1893年，回历1310年）。

1册；25cm×16cm（开本）

语文类文献，精装，封面硬纸加皮，57页.--纸张面积24.4cm×15.6cm，有字面积约19.2cm×8.8cm，每页20～21行，四周双边框。

此文献简单介绍了阿拉伯语语法的基础知识，如读法、词类、构词法等。部分页面栏框外面留白处是解释正文的内容。

中国社会科学院民族学与人类学研究所图书馆藏，编号：043

普本

注：保存完整，该文献为该系列的第一册

41.《穆圣传》

Mi'raj-i Nubuwwä

《穆罕默德传》

麦吾拉纳·穆恩丁（Mävlānā Muvā'iddīn）著

手抄本.-- 出版地不详：穆罕默德·热伊穆·米斯肯（Muḥämmäd Räḥīm Miskīn）抄本，清。

1册；36cm×23.4cm（开本）

传记类文献，精装，封面硬纸加布，478页，正文桑皮纸.-- 纸张面积35.5cm×22.6cm，有字面积约29.6cm×19cm～32cm×19cm，每页17～19行，四周双边框（部分页面）。

此文献是《穆圣传》的一、二卷合订本。

中国社会科学院民族学与人类学研究所图书馆藏，编号：044

珍本

注：保存较完整

42.《穆圣传》

Mi’raj-i Nubuwwä

《穆罕默德传》

麦吾拉纳·穆恩丁（Mävlānā Muvā’iddīn）著

手抄本.-- 出版地不详，抄写者不详，清。

1册；45.6cm×30cm（开本）

传记类文献，精装，封面硬纸加布，655页，正文桑皮纸.-- 纸张面积44.7cm×29.3cm，有字面积约30.4cm×19cm～33cm×19cm，每页18～20行。

此文献是《穆圣传》的三、四卷合订本。

中国社会科学院民族学与人类学研究所图书馆藏，编号：045

珍本

注：保存较完整

43.《哈拉巴提诗集》

Dīvān-i H̱ärābātī

哈拉巴提（H̱ärābātī）著

手抄本.--抄写地不详：毛拉霍加希（Mollā Ḫvācāš）抄本，清道光年间（1832—1833年，回历1298年）。

1册；20.6cm×15cm（开本）

文学类文献，精装，封面麻布加皮，406页，正文桑皮纸.--纸张面积22.3cm×16.2cm，有字面积约17.2cm×8.4cm，每页15行。

内容提要见第37页。

中国社会科学院民族学与人类学研究所图书馆藏，编号：046

善本

注：保存完整，每页分两栏

44.《傅祖里全集》

Kullīyāt-i Fużūlī

傅祖里（Fużūlī）著

石印本.--塔什干：出版者不详，清光绪年间（1893—1894年，回历1311年）。

1册；26cm×15.6cm（开本）

文学类文献，精装，封面硬纸加皮，259页.--纸张面积26cm×15.8cm，有字面积约21.1cm×12cm，每页23行，四周三边框。

此文献主要由三大部分组成：第一部分是库丽雅特傅祖里，是诗人不同体裁的诗歌，内容主要是记述社会现象和道德问题的抒情诗集；第二部分是傅祖里诗集，均为格则勒诗体，主要内容是记述社会现象、道德问题及神灵之爱和现实之爱的抒情诗；第三部分是莱丽与麦季侬的爱情悲剧故事。

中国社会科学院民族学与人类学研究所图书馆藏，编号：047

普本

注：保存完整，每页分四栏（部分页分三栏）

45.《泰伯里史》

Tārīḫ-i Ṭäbärī

《提比里史》《历代民族与帝王史》

艾布·贾法尔·穆罕默德·伊本·哲利尔·泰伯里（Äbu Cä'fär Muḥämmäd Ibin Cälā'il Ṭäbärī）著

手抄本.--抄写地不详：抄写者不详，清。

6册；32.7cm×21cm（开本）

历史类文献，精装，封面纸加布，826页；正文桑皮纸.-- 纸张面积32.6cm×20.6cm，有字面积约24.2cm×13.6cm，每页19行。

内容提要见第37页。

中国社会科学院民族学与人类学研究所图书馆藏，编号：048

善本

注：保存完整，有修复过的痕迹

46.《历史总论》

Ḫulāṣätul Tävārīḫ

佚名著

石印本.--塔什干：出版者不详，民国年间（1913—1914年，回历1332年）。

1册；19.9cm×11.7cm（开本）

历史类文献，精装，封面纸加布，74页.--纸张面积19.9cm×11.5cm，有字面积约24.2cm×13.6cm，每页19行，四周双边框。

此文献是关于乌兹别克斯坦的历史简论，介绍了乌兹别克汗王的历史，以及其执政期间所发生的事情。

中国社会科学院民族学与人类学研究所图书馆藏，编号：049

普本

注：保存不完整，页眉有页码。该馆另收藏有编号051的《历史总论》

47.《哈吉·拓和荪朝觐书》

Ḥäccnāmä-i Ḥācī Toẖsun

哈吉毛拉·拓和荪（Ḥācī mollā Toẖsun）著

手抄本.--抄写地不详：抄写者不详，民国年间（1935—1936年，回历1354年）。

1册；21.5cm×18.4cm（开本）

宗教类文献，精装，封面硬纸加布加皮，131页，正文桑皮纸.-- 纸张面积21.2cm×17.2cm，有字面积约20cm×16cm，每页13行。

此文献作者以诗歌的形式讲述了自己朝觐之路，主要讲述了自己从做朝觐的准备开始，一直到麦加朝觐的所见所闻和想法等内容，还有一些宗教的知识。

中国社会科学院民族学与人类学研究所图书馆藏，编号：050

珍本

注：保存完整

48.《历史总论》

Ḫulāṣätul Tävārīḫ

佚名著

石印本.--塔什干：出版者不详，民国时期（1913—1914年，回历1332年）。

1册；19.9cm×11.7cm（开本）

历史类文献，精装，封面纸加布，70页.--纸张面积19.9cm×11.5cm，有字面积约24.2cm×13.6cm，每页19行，四周双边框。

中国社会科学院民族学与人类学研究所图书馆藏，编号：051

普本

注：保存不完整，该馆另收藏有编号049的《历史总论》

49.《诺比提诗集》

Dīvān-i Nävbätī

《诺毕提诗集》

诺比提（Nävbät ī ）著

手抄本.--抄写地不详：毛拉艾合莱提阿洪（Mollā Äẖlāṭ Āẖund）抄本，清光绪年间（1891—1892年，回历1309年）。

1册；21.6cm×15.2cm（开本）

文学类作品，精装，封面纸加布加皮，48页，正文桑皮纸.--纸张面积21.9cm×15.7cm，有字面积约18cm×12.4cm，每页15～17行。

此文献主要节选自诗人的格则勒诗体的抒情诗歌，共86首诗。主要内容有抒发对故乡的眷恋之情、阐述对爱情的深刻认识、讴歌知识和学问、提倡人道主义与公平等进步思想。

中国社会科学院民族学与人类学研究所图书馆藏，编号：052

珍本

注：保持较完整，此文献为两部作品的合订本，另一部作品为《花儿与百灵》

50.《花儿与百灵》

Gul Vä Bulbul

《古丽和布丽布丽》

萨拉依（Silāḥī）著

手抄本.--抄写地不详：毛拉艾合莱提阿洪（Mollā Äẖlāṭ Āẖund）抄本，清光绪年间（1891—1892年，回历1309年）。

1册；21.6cm×15.2cm（开本）

文学类作品，精装，封面纸加布加皮，20页，正文桑皮纸.-- 纸张面积21.9cm×15.7cm，有字面积约18cm×12.4cm，每页15～17行。

该文献为一部爱情诗集，描写了百灵与玫瑰的爱情悲剧。此文献现存部分是对真主和穆罕默德的赞词以及著作的序言等内容。

中国社会科学院民族学与人类学研究所图书馆藏，编号：052

普本

注：文献缺失较多，此文献与《诺比提诗集》为合订本。该馆另收藏编号071号石印本《花儿与百灵》

51.《世系表》

Näsäbnāmä

佚名著

石印本.--出版地不详：出版者不详，清末、民国年间。

1册；22cm×14.1cm（开本）

历史类文献，精装，封面纸加布，74页.--纸张面积22cm×14cm，有字面积约18.2cm×11.2cm，四周三边框。

此文献以表格（图案）的形式画出了自亚当开始的世系表，如亚当和他的孩子们以及他们的后代等，还有部分伊斯兰教宗教人物世系表；后面有成吉思汗及其后裔，塞尔柱汗及其后裔等内容。

中国社会科学院民族学与人类学研究所图书馆藏，编号：053

普本

注：后面有丢失的页面

52.《卡米勒诗集》

Dīvān-i Kāmil

卡米勒·花喇子米（Kāmil Ḫvārāzmī）著

石印本.--塔什干：出版者不详，清末、民国年间。

1册；27.2cm×17cm（开本）

文学类作品，精装，封面纸加布，108页.--纸张面积26.5cm×16.2cm，开本面积21.9cm×14cm，每页17行，四周双边框。

此文献包含格则勒、柔巴依等不同体裁的情诗，主要记述了十一位国王生平的十一首诗歌。

中国社会科学院民族学与人类学研究所图书馆藏，编号：055

普本

注：保存较完整，页眉有页码

53.《哈斯亚的特点》

Mänāqib Ġävsīyät

《美德》

佚名著

手抄本.-- 抄写地不详：抄写者不详，清。

1册；27.2cm × 17cm（开本）

传记类文献，精装，封面纸加皮，302页，正文桑皮纸.-- 纸张面积26.5cm × 16.2cm，有字面积21.9cm × 14cm，每页17行。

此文献主要讲述了阿卜杜勒卡迪尔的出生、成长，记述了他的平生故事。

中国社会科学院民族学与人类学研究所图书馆藏，编号：056

珍本

注：保存完整，此文献与编号059号《哈斯亚的特点》为同样内容的文献，但不是同一版本

54.《新疆省农村（乡镇）保甲制度方案》

Šingcang Ölkülük Känt（yīzā）Cämāʿät Mäḥällä Täškīlīni Yürgüzüš Čārāsi（Lāyīhä）

新疆省政府

油印本.-- 乌鲁木齐：出版机构不详，民国三十二年（1943）。

1册；15.2cm × 11cm（开本）

历史类文献，平装，封面软纸，33页.-- 纸张面积15.2cm × 11cm，有字面积11.2cm × 7cm，每页16行。

此文献主要包含“政治条例”共40条，也就是新疆省就当时的具体情

况而定的保甲制度及其具体实施方案。

中国社会科学院民族学与人类学研究所图书馆藏，编号：057

普本

注：保存完整，封面有印章，页脚有页码

55.《通史简编》

Muẖtäṣär Tārīẖī ʿUmūmī

穆罕默德·穆拉德（Muḥämmäd Murād）著

铅印本.--喀山：谢利甫印刷厂，清光绪三十三年（1907年）。

1册；22cm × 13.8cm（开本）

历史类文献，精装，封面纸加布，274页.--纸张面积22cm × 13.2cm，有字面积17cm × 10.6cm，每页16行，顶部单边框。

此文献主要讲述史前大洪水开始的一些宗教人物，以及西罗马帝国及西罗马帝国被奥斯曼帝国征服，奥斯曼帝国灭亡到作者著书的时代。

中国社会科学院民族学与人类学研究所图书馆藏，编号：058

普本

注：保存较完整，页眉有页码

56.《哈斯亚的特点》

Mänāqib Ġävsīyät

《美德》

佚名著

手抄本.--抄写地不详：穆罕默德·萨迪克（Muḥämmäd Ṣādiq）抄本，清光绪年间（1878—1879年，回历1296年）。

1册；21cm × 13.4cm（开本）

传记类文献，精装，封面硬纸加皮，313页，正文桑皮纸.-- 纸张面积21.2cm × 13.5cm，有字面积15.4cm × 8.6cm，每页12～13行。

内容提要见第39页。

中国社会科学院民族学与人类学研究所图书馆藏，编号：059

善本

注：保存完整，此文献与编号056号为同样内容的文献，但不是同一版本

57.《教义之精髓及认知》

Zubätul Mäsā'il Väl'äqāyīd

毛拉穆罕默德·萨迪克·喀什噶里（Mollā Muḥämmäd Ṣādiq Kāsġärī）著

石印本.--出版地不详：出版者不详，清光绪年间（1896—1897年，回历1314年）。

1册；25.8cm×17.4cm（开本）

宗教类文献，平装，封面软纸，221页.--纸张面积25.8cm×17.4cm，有字面积约22.2cm×11cm，每页21行，四周三边框。

此文献由前言、正文和结语组成，主要讲述了信仰的必要性、信仰的范畴、应遵守的教规和教义等内容。

中国社会科学院民族学与人类学研究所图书馆藏，编号：060

普本

注：保存较完整，此文献与《好人之美德》为合订本。该馆收藏有一部石印本《教义之精髓及认知》编号为090号

58.《好人之美德》（拟题）

佚名著

石印本.-- 出版地不详：出版者不详，清光绪年间（1896—1897年，回历1314年）。

1册；25.8cm×17.4cm（开本）

宗教类文献，平装，封面软纸，221页.--纸张面积25.8cm×17.4cm，有字面积约22.2cm×11cm，每页21行，四周三边框。

此文献主要讲述了生活中应该有的美德，包括出行、睡觉、骑马、问

候、宴会、旅行等日常生活中的美德。

中国社会科学院民族学与人类学研究所图书馆藏，编号：060

普本

注：保存不完整，此文献与《教义之精髓及认知》为合订本

59.《世界地理》

Äḥvāl-i Cuġrāfīyä

佚名著

铅印本 .-- 喀山：出版者不详，清末、民国年间。

1册；20.5cm × 13.9cm（开本）

自然科学类文献，精装，封面纸加布，170页 .-- 纸张面积20.5cm × 13.6cm，有字面积约18.3cm × 12.4cm，每页26行，顶部单边框。

此文献讲述了世界各大洲的概况，各个国家的地理情况，如：气候、地理位置、地形特点、首都、重要城市、政治情况、重要政府机构等；适当的配图解释白昼的轮流、季节的变换、行星和太阳的运动和位置等天文学知识。

中国社会科学院民族学与人类学研究所图书馆藏，编号：061

普本

注：保存较完整，页眉有页码

60.《阿勒泰革命史的若干问题》

Altayding Kuräs Ustindägi Tāriẖī Väqī'ālarinan Šoliv Canä Col Äskärtkištäri

达利汗 · 苏格巴耶夫（Dalilqan Sugerbayev）著

油印本 .-- 阿勒泰：自由阿勒泰杂志社，1948年。

1册；21cm × 13.8cm（开本）

历史类文献，平装，封面软纸，24页 .-- 纸张面积20.9cm × 13.1cm，有字面积约14cm × 10.2cm，每页25行。

此文献是1948年9月10日举行的会议上的讲话文本。

中国社会科学院民族学与人类学研究所图书馆藏，编号：063

普本

注：保存较完整，页脚有页码

61.《伊本穆阿孜的西甲孜之旅》

Riḫlät-i Bin Äl-mäʿāẕ Ilāh Ḥicāz

佚名著

铅印本.--奥伦堡（俄罗斯）：克里莫夫和艾山诺夫公司的印刷厂，民国二年（1913）。

1册；21cm × 14.5cm（开本）

自然科学类文献，精装，封面硬纸加皮，58页.--纸张面积20.5cm × 13.6cm，有字面积约16cm × 14cm，每页21～26行。

此文献介绍了麦加城和那里的清真寺的建筑结构以及其他地区的一些比较有名的清真寺；伊斯坦布尔的概况，以及伊斯坦布尔的几个清真寺和书店等内容。

中国社会科学院民族学与人类学研究所图书馆藏，编号：064

普本

注：保存完整，页眉有页码，此文献与《阿拉伯语语法》《细谈俄罗斯地理》《完美的数学》为合订本

62.《阿拉伯语语法》

Filqävāʿidul Näḥvīyät

佚名著

铅印本.--克里米亚：出版者不详，清光绪二十四年（1898）。

1册；21cm × 14.5cm（开本）

语文类文献，精装，封面硬纸加皮，96页.--纸张面积 20.5cm × 13.6cm，有字面积约16cm × 14cm，每页21～26行。

此文献用察合台文解释了阿拉伯语的语法基础知识，并附有简单的阿拉

伯文—察合台文词典。

中国社会科学院民族学与人类学研究所图书馆藏，编号：064

普本

注：保存完整，页眉有页码，此文献与《伊本穆阿孜的西甲孜之旅》《细谈俄罗斯地理》《完美的数学》为合订本

63.《细谈俄罗斯地理》

Rusyäning Mufäṣṣäl Cuġrāfīyāsi

佚名著

铅印本.--喀山：谢利甫印刷厂印，清光绪三十三年（1907）。

1册；21cm × 14.5cm（开本）

自然科学类文献，精装，封面硬纸加皮，252页.--纸张面积20.5cm × 13.6cm，有字面积约16cm × 14cm，每页24行。

此文献比较细致地介绍了俄罗斯各个地区和州的情况，如地理、城市、特产、特有动植物等，还有多个民族的介绍、人口等内容。

中国社会科学院民族学与人类学研究所图书馆藏，编号：064

普本

注：保存完整，此文献与《伊本穆阿孜的西甲孜之旅》《阿拉伯语语法》《完美的数学》为合订本

64.《完美的数学》

Mukämmäl Ḥisāb

佚名著

铅印本.--喀山：董布拉吾斯基印刷厂，清光绪二十四年（1898）。

1册；21cm × 14.5cm（开本）

自然科学类文献，精装，封面硬纸加皮，137页.--纸张面积20.5cm × 13.6cm，有字面积约16cm × 14cm，每页22行。

此文献比较细致地介绍了数学的基础知识，如数字的分类、运算规则、

单位转换等，后面还给出了乘法口诀、比例计算等内容。

中国社会科学院民族学与人类学研究所图书馆藏，编号：064

普本

注：保存完整，页眉有页码，此文献与《伊本穆阿孜的西甲孜之旅》《阿拉伯语语法》《细谈俄罗斯地理》为合订本

65.《吾外斯传》

Täẕkirä-i Uväysiyä

佚名著

石印本.--纳曼干（乌兹别克斯坦）：奥斯玛尼亚印刷厂，民国年间（1912—1913年，回历1331年）。

1册；27cm×16.6cm（开本）

传记类文献，精装，封面硬纸，512页.--纸张面积26.7cm×17.1cm，有字面积约21cm×12.2cm，每页19行，四周三边框。

此文献主要讲述了谢赫阿卜杜拉也门尼、谢赫杰梨里达姆噶尼、比哈伊鼎·库都斯、和卓·艾卜纳斯尔·萨玛尼、谢赫伊穆然·热合穆图拉等30多位吾外斯流派的代表性人物的故事。

中国社会科学院民族学与人类学研究所图书馆藏，编号：065

普本

注：保存完整

66.《七大伊玛目传》

Täẕkirä-i Imām Äftāh

佚名著

手抄本.--抄写地不详：抄写者不详，清光绪年间（1904—1905年，回历1322年）。

1册；31cm×20.7cm（开本）

传记类文献，精装，封面硬纸加布，65页，正文桑皮纸.--纸张面积

31cm × 20.7，有字面积约23.6cm × 14.5cm，每页17行。

中国社会科学院民族学与人类学研究所图书馆藏，编号：066

珍本

注：保存不完整，该馆另收藏编号017号、026号、076号、077号不同抄本《七大伊玛目传》

67.《经商手册》

Risālä-i Sävdāgärlik

佚名著

手抄本.--抄写地不详：抄写者不详，清末、民国年间。

1册；10.7cm × 7.4cm（开本）

手工技术类文献，封面佚失，80页，正文桑皮纸.-- 纸张面积10.7cm × 7.4cm，有字面积约8.7cm × 6cm，每页7～8行。

此文献主要讲述了从穆斯林的角度经商的行业道德、注意事项、需遵守的规则等内容。

中国社会科学院民族学与人类学研究所图书馆藏，编号：067

普本

注：保存不完整

68.《伊斯兰通史》

Muẖtäṣär Tārīẖ-i Islām

佚名著

铅印本.--出版地不详：出版机构不详，清末、民国年间。

1册；21cm × 14.4cm（开本）

历史类文献，平装，封面软纸，110页.--纸张面积21cm × 14.4cm，有字面积约16.5cm × 10.7cm，每页25行，顶部单边框。

此文献主要介绍了伊斯兰教历史上的一些汗国，如：阿巴斯王朝、奥斯曼帝国、塞尔柱帝国等。

中国社会科学院民族学与人类学研究所图书馆藏，编号：070

普本

注：保存较完整，页眉有书名和页码，与《我们的学校》为合订本

69.《我们的学校》

Bizning Mäktäb

佚名著

铅印本.--奥伦堡（属俄罗斯）：玉赛因诺夫印刷厂印，民国三年（1914）。

1册；21cm×14.4cm（开本）

语文类文献，平装，封面软纸，64页.--纸张面积21cm×14.4cm，有字面积约16.5cm×10.7cm，每页17行。

此文献均以学生能更流利的看书、识字、朗读为目的而编的教材，分四大部分，即学校、服装、动物、书籍等，共有47篇课文。

中国社会科学院民族学与人类学研究所图书馆藏，编号：070

普本

注：页眉有页码，此文献为二年级的语文教材，与《伊斯兰通史》为合订本

70.《花儿与百灵》

Gul Vä Bulbul

《古丽和布丽布丽》

佚名著

石印本.--出版地不详：出版者不详，清光绪年间（1908—1909年，回历1326年）。

1册；23.2cm×13cm（开本）

文学类文献，精装，封面硬纸加布，71页.--纸张面积23.2cm×13.1cm，有字面积约16cm×8cm，每页11行，四周有边框。

此文献为抒情达斯坦（即长篇史诗），以麦斯乃维诗体为主，以问答的形式即花儿与百灵的对话表述了花儿与百灵之间的爱情故事，尤其是百灵对花儿的钟情。

中国社会科学院民族学与人类学研究所图书馆藏，编号：071

普本

注：保存完整，页眉有页码，每页分两栏。该馆另收藏编号为052号手抄本《花儿与百灵》

71.《伊斯兰史》

Islām Tārīẖī

佚名著，哈吉亚库甫·玉素甫（Ḥācī Yäʿqūb Yūsuf）译

铅印本.--南京：南京志宏印刷厂，1948年。

1册；21.9cm × 15cm（开本）

历史类文献，精装，封面硬纸，179页.--纸张面积21.5cm × 13.8cm，有字面积约16.4cm × 10.5cm，每页23行。

此文献主要内容有伊斯兰教的创始、伊斯兰教创始之时毗邻国家的概况、穆罕默德在世时期的伊斯兰教概况、哈利发时期及后来伊斯兰教发展史上的重要历史年代表等内容。

中国社会科学院民族学与人类学研究所图书馆藏，编号：072

普本

注：保存完整，页眉有页码、书名、章节名称

72.《伊斯兰教简史》

Muẖtäṣär Tārīẖ Muqäddäs

则比里（Zäbiri）著

铅印本.--喀山：萨巴赫书店印，清宣统元年（1909）。

1册，25.3cm × 16.1cm（开本）

历史类文献，精装，封面纸加布，43页.--纸张面积25.3cm × 15.5cm，

有字面积约19cm×11.5cm，每页25行，顶部单边框。

此文献简单讲述了历史上的主要人物和故事，例如亚当的故事，伊德利斯的故事，诺亚的故事和天灾，诺亚的后裔谱系，萨里赫、易卜拉欣、尤素福、摩西（穆萨）等的故事。

中国社会科学院民族学与人类学研究所图书馆藏，编号：073

普本

注：保存完整，是一本教材，页眉有页码、书名、章节名称，此文献为第二次印刷，与《俄罗斯历史》为合订本

73.《俄罗斯历史》

Rusyä Tārīẖī

努尔艾里·纳地耶夫（Nūrʻälī Nādīyiv）著

铅印本.--喀山：玛阿里甫书店，民国六年（1917）。

1册；25.3cm×16.1cm（开本）

历史类文献，精装，封面纸加布，48页.--纸张面积25.3cm×15.5cm，有字面积约21cm×12.5cm，每页30～32行。

此文献主要叙述了俄罗斯境内以前生活的民族和部落，俄罗斯史上的重要历史年代表等。

中国社会科学院民族学与人类学研究所图书馆藏，编号：073

普本

注：保存完整，页眉有页码，与《伊斯兰教简史》为合订本

74.《殉教者花园》

Rävżät-i Šuhädā

麦吾拉纳·玉赛因·瓦依孜·卡什菲（Mävlānā Ḥusäyin Vā’iz Kāšifī）著

石印本.--塔什干：开本、出版地不详，清光绪年间（1906—1907年，回历1324年）。

1册；26.6cm×16.9cm（开本）

文学类作品，精装，封面硬纸加布，285页.--纸张面积26cm×16.4cm，有字面积约23cm×12.9cm，每页23行，四周双边框。

此文献讲述了伊斯兰史上主要宗教人物所遇到的困难及苦难，记述了穆罕默德及亲属和挚友的故事，重点介绍了王赛因的故事，以及其后裔谱系。

中国社会科学院民族学与人类学研究所图书馆藏，编号：074

普本

注：保存较完整，页眉有页码，该馆另收藏有编号010号、022号《殉教者花园》手抄本

75.《君子神往》

Ḥäyrätul Äbrār

《正直人的惊愕》

艾里希尔·纳瓦依（'Älīšīr Nävā'ī）著

手抄本.--抄写地不详：毛拉伊萨克·叶尔坎地（Mollā Isḥāq Yārkändi）抄本，清。

1册；20.4cm×11.2cm（开本）

文学类作品，精装，封面硬纸加布，338页，正文桑皮纸.-- 纸张面积20.4cm×11.2cm，有字面积约16cm×7cm，每页13行。

内容提要见第41页。

中国社会科学院民族学与人类学研究所图书馆藏，编号：075

善本

注：保存完整，每页分成两栏

76.《七大伊玛目传》

Täẕkirä-i Imām Äftāh

佚名著

手抄本.--抄写地不详：抄写者不详，清。

1册；18cm×12.3cm（开本）

传记类文献，精装，封面硬纸，200页，正文桑皮纸.--纸张面积19cm × 11.7cm，有字面积约13cm × 7.5cm，每页9行。

此文献主要讲述了伊斯兰教历史上七大伊玛目，以及对伊斯兰教传播做出的贡献。

中国社会科学院民族学与人类学研究所图书馆藏，编号：076

珍本

注：保存不完整。该馆另收藏编号017号、026号、066号、077号为不同抄本《七大伊玛目传》

77.《七大伊玛目传》

Täẕkirä-i Imām Äftāh

佚名著

手抄本.--抄写地不详：抄写者不详，清末、民国年间抄本。

1册

传记类文献，封面佚失，34页，正文桑皮纸.--纸张面积18.7cm × 12cm，有字面积约13cm × 7.5cm，每页9行。

此文献仅存34页，现存部分内容有伊玛目艾山和伊玛目玉赛音的殉教，后面（最后两页）有伊玛目卡斯木做梦的片段，即根据梦中所见，给四儿子取名为阿弗塔。

中国社会科学院民族学与人类学研究所图书馆藏，编号：077

普本

注：保存不完整，该馆另收藏编号的017号、026号、066号、076号不同抄本《七大伊玛目传》

78.《情之所钟》

Mäḥbubul Qulūb

《心之所钟》《心之谓然》

艾里希尔·纳瓦依（ʻĀlīšīr Nävāʼī）著

手抄本.--莎车：毛拉托合提·本·毛拉尤里达希（Mollā Toẖti Bin Mollā Yoldaš）抄本，清乾隆年间（1795—1796年，回历1210年）。

1册；19.8cm × 13.4cm（开本）

文学类文献，精装，封面纸加布，160页，正文桑皮纸.-- 纸张面积19.6cm × 13cm，有字面积约14.6cm × 8.8cm，每页11行。

内容提要见第7页。

中国社会科学院民族学与人类学研究所图书馆藏，编号：078

善本

注：保存较完整。章节名称用红色字体书写。入选第一批《中华珍贵古籍名录》，编号02336

79.《四个伊玛目传》

Täẕkirä-i Tört Imām Ẕäbḥiyulla

毛拉·穆罕默德·尼雅孜（Mollā Muḥämmäd Niyāz）著

手抄本.--抄写地不详：抄写者不详，清。

1册；20.2cm × 14.6cm（开本）

传记类文献，精装，封面纸加布，221页，正文桑皮纸.--纸张面积19.69cm × 13.8cm，有字面积约17cm × 11cm，每页11行。

中国社会科学院民族学与人类学研究所图书馆藏，编号：079

珍本

注：保存较完整，有印章一枚，该馆另收藏编号007号不同抄本《四个伊玛目传》

80.《圣人传和哈里发史》

Qiṣṣä-i Änbiyā Vä Tävārīẖ-i Ḫälifā

《圣人史》

阿合麦德·贾吾戴特（Äḥmäd Cävdät）著

铅印本.--喀山：克里米亚印刷厂，清宣统二年（1910）。

1册；21cm×15cm（开本）

历史类文献，精装，封面纸加布，100页.--纸张面积21cm×14.5cm，有字面积约18cm×12cm，每页25行。

此文献比较细致的讲述了穆罕默德的迁徙原因、过程，迁徙第五年发生的事情等内容。

中国社会科学院民族学与人类学研究所图书馆藏，编号：080

普本

注：保存完整，页眉有页码、书名、章节

81.《聪慧的公主》

Mälikä Dānišmänd

佚名著

手抄本.--抄写地不详：抄写者不详，清。

1册

文学类文献，封面佚失，190页，正文桑皮纸.-- 纸张面积20.6cm×12cm，有字面积约12.5cm×8.4cm，每页9行。

此文献以公主与智者的对话形式，内容涉及宗教、宇宙生命、人际关系、治国理念等知识。

中国社会科学院民族学与人类学研究所图书馆藏，编号：081

普本

注：前后中间均有佚失的页面

82.《迪丽阿热穆公主》

Mälikä Dil-ārām

佚名著

石印本.--出版地不详：出版者不详，清末、民国年间。

1册

文学类文献，封面佚失，44页.--纸张面积21.5cm×13cm，有字面积

17cm × 9.4cm，每页13行，四周三边框。

此文献是以散文、诗歌的形式撰写，通过富有神话色彩的情节，通过公主与花鹿的对话表现了公主命途多舛，悲惨的经历，但后来得到天使的帮助，过上幸福生活的故事。

中国社会科学院民族学与人类学研究所图书馆藏，编号：082

普本

注：有丢失页面

83.《吾尔丽喀与艾姆拉江》

Ḥurliqā Vä Hämrāhcan

佚名著

手抄本.--抄写地不详：抄写者不详，清。

1册；29.7cm × 17cm（开本）

文学类文献，精装，封面纸加皮，129页，正文桑皮纸.-- 纸张面积28.6cm × 17.4cm，有字面积约21.3cm × 13cm，每页15行。

此文献主要叙述了吾尔丽喀和艾姆拉江的爱情故事，王子艾姆拉江靠自己的诚实和善良，克服种种困难，与公主吾尔丽喀相会，彼此有了爱恋之情，虽然经历波折，但二人终成眷属。

中国社会科学院民族学与人类学研究所图书馆藏，编号：083

珍本

注：保存较完整，有章节开头用红色字迹书写

84.《优素甫与艾合麦德》

Yūsuf Vä Äḥmäd

佚名著

石印本.--出版地不详：出版者不详，清末、民国年间。

1册；23cm × 13cm（开本）

文学类文献，精装，封面硬纸加布，116页.--纸张面积22cm × 13.7cm，

有字面积约19cm×9.5cm，每页17行，四周双边框。

此文献主要记述优素甫与艾合麦德两兄弟在对敌斗争中的英勇和同胞情意、对爱情的忠诚、在困难面前毫不低头的顽强精神。并通过对吾守尔伯克和拜德热克这两个人物形象进行对比，歌颂了智慧和英勇，谴责了不仗义和狡诈的行为。

中国社会科学院民族学与人类学研究所图书馆藏，编号：084

普本

注：前后均有佚失的页面，页眉有页码

85.《巴哈尔达尼什》

Bähār Dānīš

穆德·卡斯木·本·毛拉·乃孜尔·穆罕默德·布哈里（Mivädd Qāsim Bin Mollā Näẓär Muḥämmäd Buḫārā）著

石印本.--塔什干：普尔苏福印刷厂，清光绪二十六年（1900）。

1册；26.6cm×16cm（开本）

文学类文献，精装，封面硬纸加布，288页.--纸张面积27cm×17cm，有字面积约22.7cm×13cm，每页23行，四周三边框。

此文献中以王子和七位大臣发生的一系列故事为主线，讲述了印度王子加罕达尔·苏里丹的爱情经历，反映了作者在宗教、伦理、道德、人情、处世等方面的观点。

中国社会科学院民族学与人类学研究所图书馆藏，编号：085

普本

注：保存较完整，页眉有页码

86.《巴巴若仙》

Baba Rävšän

佚名著

石印本.--塔什干：出版者不详，清末、民国年间。

1册；22.6cm × 13.6cm（开本）

文学类文献，精装，封面硬纸加皮，86页.-- 纸张面积22.3cm × 13cm，有字面积约18cm × 10cm，每页15行，四周三边框。

此文献主要讲述了穆罕默德的女婿哈里发阿里帮助一位叫巴巴若仙的麦地那人摆脱债务的故事。

中国社会科学院民族学与人类学研究所图书馆藏，编号：086

普本

注：文献页眉有页码，纸张颜色有粉、蓝、黄三种

87.《四重奏》

Ḫäzā'inul Mä'ānī

《意渊》《精义宝库》《四卷诗》《恰哈尔迪瓦尼》

艾里希尔·纳瓦依（'Älīšīr Nävā'ī）著

手抄本.-- 哈密[？]：毛拉穆罕默德·哈斯木·哈穆里（Mollā Muḥämmäd Qāsim Qamili）抄本，清道光年间（1834 — 1835年，回历1250年）。

1册：贴金插图四副，35cm × 25cm（开本）

文学类作品，精装，封面布加硬纸加皮，568页，正文桑皮纸.-- 纸张面积34.9cm × 24.4cm，有字面积约25.6cm × 17.2cm，每页15行，四周有边框。

内容提要见第43页。

中国社会科学院民族学与人类学研究所图书馆藏，编号：087

善本

注：保存完整，该文献为哈密宫廷藏书，最后一页有哈密君王穆罕默德·伯希尔的御章。与该馆编号023号的《恰哈尔迪瓦尼》（《四重奏》）是不同抄本

88.《穆圣传》

Sīr-i Šärīf Türki

《穆罕默德传》

麦吾拉纳·穆恩丁（Mävlānā Mivāddīn）著

手抄本.--抄写地不详：抄写者不详，清。

1册

传记类文献，封面佚失，515页，正文桑皮纸.--纸张面积30cm×21cm，有字面积约22cm×14.5cm，每页17行。

此文献是《穆圣传》的三、四卷合订本，主要记述穆罕默德迁徙麦地那所发生的事情以及穆罕默德去世期间所发生的事情。

中国社会科学院民族学与人类学研究所图书馆藏，编号：088

珍本

注：保存较完整，与编号044号、045号的《穆圣传》是不同抄本

89.《凯里莱与笛姆乃》

Kälīlä Vä Däminä

别迪拜·艾克木·别拉赫曼（Bidpayi Brahman）著，毛拉穆罕默德·铁木尔（Mollā Muḥämmäd Tömür）译

石印本.--出版地不详：出版者不详，清末、民国年间。

1册；25.5cm×16cm（开本）

文学类文献，精装，封面硬纸加布，569页.--纸张面积24.8cm×15.6cm，有字面积约20.7cm×11.8cm，每页19行，四周三边框。

此文献是作者约4世纪所著，铁木尔于1717年翻译成察合台文。《凯里莱与笛姆乃》主要通过叙述古代寓言、童话故事来告知人们社会规范和处世的标准，人人必须具备的美德和深奥的学问。此文献分为14章，包括论远离恶人，论恶人的后果，论交友之道，忍耐的功德等内容。

中国社会科学院民族学与人类学研究所图书馆藏，编号：089

普本

注：保存较完整，页眉有页码

90.《教义之精髓及认知》

Zubdätul Mäsā'il Väl'äqāyīd

毛拉穆罕默德·萨迪克·喀什噶里（Mollā Muḥämmäd Ṣādiq Kāsġärī）著

手抄本.--抄写地不详：抄写者不详，清。

1册；29cm × 19cm（开本）

宗教类文献，精装，封面纸加布加皮，416页，正文桑皮纸.--纸张面积29.8cm × 18.8cm，有字面积约19.5cm × 10cm ~ 25.5cm × 13cm，每页17 ~ 21行。

此文献是有关伊斯兰教方面的知识、教规作品，例如不同情况下如何礼拜、诵经的注意事项及规律等内容。

中国社会科学院民族学与人类学研究所图书藏，编号：090

珍本

注：保存较完整，此文献18 ~ 261页为察合台文，其余均为波斯文。该馆收藏有一部石印本《教义之精髓及认知》编号为060号，内容有相似

91.《列王记》

Šāhnāmä

《帝王书》《列王记》《列王书》《王书》

吾布力哈斯木·菲尔多西（Ubūlqāsim Firdävsī）著

石印本.--出版地不详：出版者不详，清光绪（1907 — 1908年，回历1326年）。

1册；34.3cm × 21cm（开本）

文学类文献，精装，封面硬纸加皮，642页.--纸张面积36.5cm × 21cm，有字面积26.3cm × 15.5cm，每页27行。

《列王记》写于10世纪末，原著为波斯文，主要讲述了波斯王国诸国王的历史及与毗邻王国之间的战争，富有神话色彩，迄今举世有名，并被译成

多种语言的一部作品。此文献主要记述了伊朗的古代传说及其从公元前323年到641年之间的四千多年的历史，把伊朗历史的50 个国王和可汗的事迹以民间故事、传说和童话的形式做了描述，总体分为三个部分：第一部分是神话部分，包括公元前3223年到公元前782年间发生的事件；第二部分是英雄史诗，包括前782年到前50年间发生的事件；第三部分为历史部分，包括前50年到642年间的事件。

中国社会科学院民族学与人类学研究所图书馆藏，编号：091

普本

注：保存较完整

五、北京大学图书馆察合台文古籍收藏目录

北京大学图书馆是我国高校图书馆中藏书最为全面的一家图书馆，有着120余年的历史。北京大学图书馆是首批国家重点古籍保护单位，中文善本、外文善本、少数文字古籍均有收藏，是一家馆藏丰富的研究型图书馆。2017年3月，阿卜杜勒·阿齐兹国王公共图书馆北京大学分馆落成，北京大学的古籍得以统一管理，并于2018年3月开馆。

北京大学图书馆收藏的察合台文古籍一直作为未识别文字古籍存放，因此也没有整理。此次整理发现3件察合台文古籍，同时进行了编号，3件古籍均为20世纪20年代左右的石印本，且均保存完整，001号《圣经——马可福音》、002号《圣经故事集》这两部古籍均使用察合台文记录哈萨克语，在北京地区收藏的察合台文古籍当中较为少见。003号《圣经——马可福音》与中国民族图书馆收藏编号079为同一部古籍。

1.《圣经——马可福音》

Incīl-i Märqus

佚名著

石印本.--喀什：瑞典传教团印刷室印[1]，民国七年（1918）。

[1] 文献中未提及出版者，就目前发现当时新疆地区《圣经》多为瑞典传教团印刷室印制，故推测为此印刷室印制。

1册；21cm × 14.3cm（开本）

宗教类文献，平装，封面软纸，71页；纸张面积21cm × 14.3cm，有字面积约16cm × 11.5cm，每页15行。

此文献是《圣经》节选，该文献记载了耶稣的生平，包括耶稣听到天上传来的声音，在大漠里经受40天考验等故事，受审、受死和复活等故事。

北京大学图书馆藏，编号：001

普本

注：保存完整，与该馆收藏编号003号《圣经 —— 马可福音》内容相似，但此文献用察合台文记录哈萨克语，在北京地区收藏的察合台文古籍中比较少见

2.《圣人们的故事》

Räsūllillarning Qilġan Isdari

佚名著

石印本.-- 喀什：瑞典传教团印刷室印[①]，清末、民国年间。

1册；21cm × 14.3cm（开本）

宗教类文献，平装，封面软纸，145页.-- 纸张面积21cm × 14.3cm，有字面积约15cm × 10cm，每页15行。

此文献讲述了《圣经》中耶稣、耶合亚等宗教人物的生平、传教经历等。

北京大学图书馆藏，编号：002

普本

注：保存完整，内含一幅地图，此文献使用察合台文记录哈萨克语，在北京地区收藏的察合台文古籍中比较少见

① 文献中未提及出版者，就目前发现当时新疆地区《圣经》多为瑞典传教团印刷室印制，故推测为此印刷室印制。

3.《圣经——马可福音》

Incīl-i Märqus

佚名著

石印本.-- 喀什：瑞典传教团印刷室印[①]，民国九年（1920）。

1册；21cm × 14.3cm（开本）

宗教类文献，平装，软纸，77页；纸张面积21cm × 14.3cm，有字面积约15cm × 10cm，每页15行。

北京大学图书馆藏，编号：003

普本

注：保存完整，内含一幅地图

① 文献中未提及出版者，就目前发现当时新疆地区《圣经》多为瑞典传教团印刷室印制，故推测为此印刷室印制。

六、中央民族大学图书馆察合台文古籍收藏目录

中央民族大学图书馆始建于1951年，该图书馆的少数民族文字古籍馆馆藏丰富，其收藏量在北京地区高校图书馆中名列前茅。中央民族大学图书馆特色鲜明，民族学科文献收藏独具优势，在满足校内师生文献查阅的同时，也为国内外学者提供了文献研究的平台。

中央民族大学图书馆察合台文古籍与阿拉伯文、波斯文古籍一同存放，一直未整理，经过此次甄别和整理，发现中央民族大学现存有6种7件察合台文古籍，其中5种是手抄本，1种是石印本。006号《穆圣传》是北京地区保存收藏较为完整的一套文献，具有较高的版本价值，堪称善本；005号《艾尔西诗集》是目前北京地区发现的第一部《艾尔西诗集》，并且为手抄本，较为珍贵，具有较高的版本价值，堪称善本。

1.《鞣皮匠手册》

Risalä'i Čärmgärlik

佚名著

手抄本.--抄写地不详：抄写者不详，民国年间（1931—1932年，回历1350年）。

1册；15.2cm×11.3cm（开本）

手工技术类文献，平装，封面软纸加麻布，50页，正文桑皮纸.--纸张

面积14.9cm × 11cm，有字面积约11.8cm × 8cm，每页7～9行，四周三边框（部分页面）。

此文献讲述鞣皮行业的渊源，鞣皮业的注意事项；所要遵守的行业道德，如要真诚待人，尊重前人，强化信仰，按时礼拜，保持心和身的干净；制鞋的每一个步骤所要注意的事项等内容。

中央民族大学图书馆藏，编号：001

珍本

注：该文献保存完整，字迹清楚

2.《克兰诠释》

Šärḥ-i Qur'ān

佚名著

手抄本.-- 抄写地不详：热合麦图拉（Räḥ mätullah）抄本，清咸丰年间（1851—1852年，回历1268年）。

1册；24.3cm × 15.9cm（开本）

宗教、传记类文献，精装，封面硬纸加皮，374页，正文桑皮纸.-- 纸张面积25.7cm × 15.7cm，有字面积6.2cm × 9.7cm～19.7 × 10.5cm不等，每页13～17行。

此文献由两部分组成：前面部分是几则圣训和四位哈里发的任职时间等内容；第二部分是穆萨（摩西）、易卜拉欣等伊斯兰宗教人物的故事。

中央民族大学图书馆藏，编号：002

珍本

注：保存较完整

3.《迪宛·艾里希尔·纳瓦依》

Dīvān-i ʿÄmir Nävā'ī

艾里希尔·纳瓦依（ʿĀlīšīr Nävā'ī）著

石印本.-- 出版地不详：出版者不详，清末、民国年间。

1册；25.4cm × 16.8cm（开本）

文学类文献，精装，封面硬纸加布，192页.--纸张面积24cm × 15.5cm，有字面积约20.5cm × 10.8cm，每页19行，四周三边框。

此文献是《四重奏》的缩略本，即从《四重奏》中节选诗歌选编，此选集选取了不同体裁的诗歌，如格则勒、柔巴依等。选取的内容以抒情诗为主，涵盖情诗还有提倡美德、劝导他人、讲述人生哲理的诗歌。

中央民族大学图书馆藏，编号：003

普本

注：纸张有粉、黄、蓝三种不同颜色

4.《好人之传》

Täẕkirätul Zubdätul ʿÄrnīn

佚名著

手抄本.--抄写地不详，亚库甫阿訇（Yʿäqūb Āẖūnd）抄本，民国（1933—1934年，回历1352年）。

1册；21.9cm × 14.1cm（开本）

传记类文献，精装，封面硬纸加布，83页，正文桑皮纸.--纸张面积22cm × 13.5cm，有字面积约19.3cm × 11cm；每页13～14行。

此文献主要讲述了和卓·穆罕默德·谢利甫的生平，包括其7岁时父母相继去世，后来他为了求学从赛里木来到撒马尔罕，在撒马尔罕刻苦学习，又富有神话色彩地讲述了他与苏力坦·苏图克·博格拉汗的谈话；之后他又回到喀什传教，最后又到麦加等内容。

中央民族大学图书馆藏，编号：004

珍本

注：保存完整，字迹清楚

5.《艾尔西诗集》

Dīvān-i ʿÄršī

艾尔西（ʿÄršī）著

手抄本.-- 莎车：抄写者不详，清。

1册；21.7cm × 12.6cm（开本）

文学类文献，精装，封面硬纸加皮，160页，正文桑皮纸.-- 纸张面积21.7cm × 12.6cm，有字面积约15.5cm × 7.5cm，每页6～11行。

内容提要见第45页。

中央民族大学图书馆藏，编号：005

善本

注：保存完整，字迹清楚

6.《穆圣传》

Sīr-i Šärīf Türkiy

《穆罕默德传》

麦吾拉纳·穆恩丁（Mävlānā Muvā'iddīn）著

手抄本.-- 抄写地不详：毛拉·穆艾音（Mollā Mu'īn）抄本，清乾隆年间（1785 — 1786年，回历1200年）。

2册；44cm × 28cm（开本）

传记类作品，平装，封面软纸，433+431页，正文桑皮纸.-- 纸张面积44cm × 27.7cm，有字面积约31cm × 16cm，每页25行。

内容提要见第48页。

中央民族大学图书馆藏，编号：006

善本

注：保存较完整，部分修复过，第一册收藏印章两枚

七、中央民族大学中国少数民族语言研究院

中央民族大学中国少数民族语言与古籍研究所是研究中国少数民族语言文字和古代文献的重要科研机构，一直以来重视民族文字研究和民族古籍保护，为民族文字的创制、改革、民族语文政策制定和民族语言研究做出了重要贡献，培养了大量人才，推动了中国少数民族语言和古籍文献的研究。

中央民族大学中国少数民族语言与古籍研究所现存有3种察合台文古籍。001号《皇历手册》为清咸丰年间手抄本，但因保存不完整，暂定珍本；002号《医药处方书》为清抄本，北京地区少有的几部察合台文医药古籍之一，为善本，入选第三批国家古籍名录；003号《宗教手册》，手抄本，抄写年代不详，暂定珍本。

1.《皇历手册》（拟题）

佚名著

手抄本.--抄写地不详：抄写者不详，清咸丰年间（1861—1862年，回历1278年）。

1册；17.5cm × 10cm（开本）

天文历法类文献，精装，封面硬纸加皮，50页，正文桑皮纸.--纸张面积17.5cm × 11.7cm，有字面积约11.3cm × 6cm，每页9行。

此文献主要讲述的是皇历，择月择日择时辰办事，比如要办一件事情，